인생의 후반전은
시니어 선교사로

| 이현모 지음 |

죠이북스

(주)죠이북스는 그리스도를 대신한 사신으로
문서를 통한 지상 명령 성취와 하나님 나라 확장을 위해 노력합니다.

인생의 후반전은 시니어 선교사로
ⓒ2007 이현모

이 책의 저작권은 저자와 (주)죠이북스에 있습니다. 신 저작권법에 의하여
한국 내에서 보호받는 저작물이므로 무단 전재와 무단 복제를 금합니다.

인생의 후반전은 시니어 선교사로

추천사

 그동안 '시니어 선교사'는 선교계에서나 교계에서 중요한 쟁점이었다. 그전부터 시니어 선교사는 다양한 모습으로 여러 지역에서 사역을 해왔다. 그에 따라 시니어 선교에 대한 실제적 관심도 많아졌다. 하지만 안타깝게도 지금까지 시니어 선교사를 다룬 글은 단편적인 수준에 그쳤다. 이런 상황에서 이현모 박사가 시니어 선교에 대한 전모를 소개한 이 책은 다음과 같은 면에서 한국 교회와 선교계에 기여한다고 본다.

 첫째, 시니어 선교사에게 큰 도움을 준다. 이미 시니어 선교사로 사역하고 있는 사람은 물론 앞으로 시니어 선교 사역을 하고자 하는 사람에게도 시니어 선교에 대한 큰 그림을 보여준다. 게다가 시니어 선교를 구체적으로 소개함으로써 시니어 선교사로 헌신하는 것을 주저하지 않도록 도와준다.

둘째, 한국 교회와 많은 선교 기관이 시니어 선교사의 정체성을 정립할 수 있도록 도와준다. 나아가 이들에게 시니어 선교사를 영입하여 사역할 수 있는 터전을 마련해야 한다는 도전을 심어준다. 시니어 선교사의 가치는 이미 많은 사람이 알고 있다. 하지만 지금까지 시니어 선교 사역에 대한 정보나, 이들을 훈련시키고 활용할 방법에 대한 지침이 없었다. 이 책은 시니어 선교 영역을 방관하거나 방치해 온 선교 관계자들이 더 이상 머뭇거리지 않도록 확실한 발판을 마련해 준다.

셋째, 시대적으로 시니어 선교사가 필요한 이유를 지적하여 더 늦기 전에 우리 모두 선교에 대한 각자의 책임을 다할 수 있도록 동기를 부여한다. 그래서 시니어 선교가 선교의 또 다른 강력한 지류로서 세계 복음화의 거대한 물결에 합류하도록 유도한다.

한국 교회와 선교계, 모든 시니어에게 이 책을 추천한다.

2007. 7. 26.
이태웅
GMTC 초대원장

추천사

21세기를 산다는 것은 큰 특권이자 도전이다. 이전에는 경험하지 못한 새로운 세계가 열리고 있기 때문이다. 모든 영역이 다 그렇겠지만, 그중에서도 가장 큰 변화와 새로운 기회를 경험하고 있는 영역은 아마도 선교 영역일 것이다. 우리가 직면한 여러 새로운 상황 중에서도 선교에 많은 영향을 끼친 변화는 평균수명 증가에 따른 인구 변화다. 거기에 더하여 전통적으로 기독교를 신봉해 온 유럽의 기독교 인구보다 비서구권 국가에 사는 기독교 인구가 많아지면서, 선교 환경도 유럽 중심 선교에서 전 세계의 모든 교회가 참여하는 범세계적 선교(global mission)로 바뀌었다. 평균수명 증가와 교회 자원의 총체적 선교 동원이라는 관점에서 새롭게 등장한 시니어 선교 자원은 인구 변화에 따른 주요한 선교 전략으로 떠올랐다.

오늘날 세계 선교는 목회자나 젊은이 중심이던 전통적 선교 동원에서 교회 구성원 모두가 선교 동력이 되는 것, 즉 선교사 개념이 확대되는 방향으로 나아가고 있다. 교회가 존재하는 목적이 온 세상에 하나님의 복음을 전하는 것이라면, 교회 구성원 역시 이 비전에 헌신해야 할 것이다. 교회에서 하는 선교는 '누구는 가고 누구는 남는' 것이 아니라 모든 구성원이 참여하는 모습으로 바뀌어야 한다. 그래야 진정으로 '선교하는 교회(missional church)'가 될 것이다.

이런 관점에서 볼 때 시니어 선교사를 다룬 이 책은 매우 시기적절하다고 생각한다. 이 책은 한국에서 출간된 선교 관련 서적 가운데 시니어 선교를 본격적으로 다룬 첫 책이라는 점에서 의미가 크다. 게다가 이 책에는 세계 선교 흐름과 한국 선교가 당면한 과제를 정확히 간파한 이현모 교수의 시각이 잘 드러나 있다.

이 책은 시니어 선교사를 동원하게 된 사회 환경에 대한 이해에서 시작하여 시니어 선교사의 정의와 소명, 준비와 훈련, 사역 전략과 방법을 구체적으로 소개한다. 특히 시니어 선교에 대해 꿈꿀 수 있는 가장 이상적인 모습뿐 아니라 시니어 선교사가 지닌 장애요소와 문제점도 상세히 다루고 있다. 이제 한국 교회에서도 본격적으로 이루어지고 있는 시니어 선교 동원이 올바른 성경적 원리와 전략으로 시작되는 데에 이 책이 초석을 놓으리라고 생각한다. 이 책은 이론과 전략을 이야기하는 데서 그치지 않고 시니어 선교사로 파송되기까지 거쳐야 할 여러 단계를 매우 실제적이고 구체적으로 제시함으로써 큰 도전을 심어준다. 시니어 선교에 관심이 있거나 실제로 준비하고 있는 이들에게 이 책은 유일한 교과서가 될 것이다. 또한 선교에 대한 일반적인 이해를 넓히고픈 목회자나 성도에게 유용한 정보를 제공하고 선교에 대해 도전하는 도구가 될 것이다.

오늘날 한국 교회는 세계 선교에서 중요한 위치에 놓여 있다. 이것은 한국 교회가 특별히 잘 준비되어 있기 때문이 아니다. 하나님이 베푸신 크나큰 섭리와 은혜 때문이다. 한국 교회는 하나님의 특별한 섭리를 특권과 명예로 생각하고, 온 교회가 겸손하게 선교에 참여하여야 한다. 앞으로 한국 교회가 목회자나 젊은이뿐 아니라 시니어 세대를 선교에 동원하는 일에 적극적으로 임하여 복음을 전한다면, 모든 그리스도인의 소망인 그리스도의 재림이 한 걸음 더 가까워질 것이다.

2007. 7. 26.
한철호 목사
선교한국 상임위원장

* 차례 *

추천사 5

들어가는 말 12

의미 있는 일을 찾아야 할 때입니다 15
일, 예전에는 짐이었지만 이제는 축복입니다

후반전이 더 중요합니다 29
삶의 열매이기 때문입니다

시니어 선교사를 소개합니다 41
시니어 선교사의 등장과 역사

시니어 선교사의 특성 53
유지해야 할 장점과 극복해야 할 문제

시니어 선교사가 되기 위한 준비와 훈련은 조금 다릅니다 75
경험과 특성이 다르기 때문이지요

SM5, SM6, SM7 115
시니어 선교 사역의 실제

시니어 선교사 사역 사례 145

시니어 선교사의 도전 175
일어나 도전하십시오

들어가는 말

'실버 선교사'라는 말을 많이 들어보았을 것이다. 수년 전부터 다양한 기독교 매체를 통해 실버 선교사가 자주 언급되었기 때문이다. 그러나 실제 선교 사역에서 실버 선교사가 중요한 역할을 담당하는 일은 드물었다. 그런 모습을 많이 보아온 필자는 학교에서 강의를 하면서도 이 중요한 실버 자원을 적절히 활용할 수 있는 방법을 고민해 왔다. 어째서 잠재력이 충분한 실버 자원을 제대로 활용하지 못하는 걸까?

이 문제를 고민한 끝에 몇 가지 이유를 발견하였다. 먼저 나이든 사람 가운데 '실버(silver)'라는 표현을 선뜻 받아들이지 못하고 꺼려하는 이가 생각보다 많다는 것을 알게 되었다. 실버는 백발을 상징한다. "백발은 영화의 면류관이라. 의로운 길에서 얻으리라"(잠 16:31)라는 말씀처럼 성경에서는 백발을 영화로운 상급으로 인정하지만, 현 사회에서 말하는 실버는 '인생의 황혼기' 라는 뜻을 담고 있다. 그래서 실버 세대라고 하면 마치 내리막길에 들어선 것처럼 느끼는 사람들이 있는 것이다. 나이 든 사람 중에는 '실버' 라는 이름이 붙은 것을 일부러 피하는 사람도 있다. 실버 아파트는 양로원인 것 같아 입주하기 싫다고 하고, 실버 상품이라고 하면 선뜻 손이 나가지 않는다고 한다.

이런 이유로, 좀 더 명예롭고 자랑스럽게 느끼도록 '실버 선교사' 라는 용어를 다른 이름으로 대체하면 어떨까라는 생각을 해보았다. 미국 교회에서는 실버 선교사를 '마스터즈(masters)' 라고 부른다. 마스터, 즉 장인이란 최고의 전문 기술을 가진 사람을 가리키는 존칭어다. 한국에서도 이런 뜻이 담긴 말을 쓰면 좋을 것 같아 찾아보다가 '시니어 선교사' 라는 용어가 떠올랐다. 현재 선교지에서 흔히 말하는 시니어 선교사란 선임 선교사를 가리킨다. 그러나 '시니어(senior)' 라는 말이 원래 '연장자', '어른', '손윗사람' 등 '연배가 높은 사람' 을 가리킨다는 것을 염두에 둘 때, 인생 선배라는 점에서 실버 선교사를 시니어 선교사라고 바꿔 부르는 것을 제안하는 바다. 교회에서도 '장년층' 대신 '시니어' 라는 용어가 점점 폭넓게 사용되고 있는 추세이므로 50세가 넘어서 선교사로 헌신한 인생 선배를 '시니어 선교사' 라고 부르면 좋을 듯하다.

둘째 이유는 시니어 선교사에 대한 구체적인 지침이 거의 없기 때문이다. 지금까지 시니어 선교사라고 하면 그저 '늦게 헌신한 평신도 선교사' 정도로만 여겨왔다. 그래서인지 그들이 가진 장점을 최대한 발휘할 수 있는 방안도 마련되지 못했다. 게다가 선교지에서는 시니어 선교사에 해당하는 사람들이 지닌 약점이 쉽게 드러나는 편인데, 이에 대한 적절한 대안도 마련하지 못한 실정이다. 이 책에서는 시니어 선교사가 지닌 약점과 장점을 두루 살펴보고 적절한 대안을 제시하고자 한다.

마지막으로 한국 사회가 급격하게 고령화 사회로 변하면서 인생의 후반전, 즉 두 번째 인생에 대한 관심이 늘고 있는 반면 이를 사역으로 연결해야 할 교회의 힘은 약하다는 것이다. 시니어 선교사가 지닌 가장 큰 의미는 두 번째 인생을 헌신한다는 것이다. 이 책을 통해 교회에 있는 시니어 세대에게 이 뜻 깊은 헌신을 도전하고 싶다.

이 책은 교회마다 큰 비중을 차지하며 자리를 잡아가고 있는 시니어 세대뿐 아니라 40세가 넘은 그리스도인이라면 누구나 한 번쯤 신중하게 고려해 봐야 할 주제를 다루고 있다. 부족하지만 이 책이 앞으로 시니어 선교 사역을 성장케 하는 데 좋은 밑거름이 되기를 간절히 기도한다.

2007년 여름
이현모

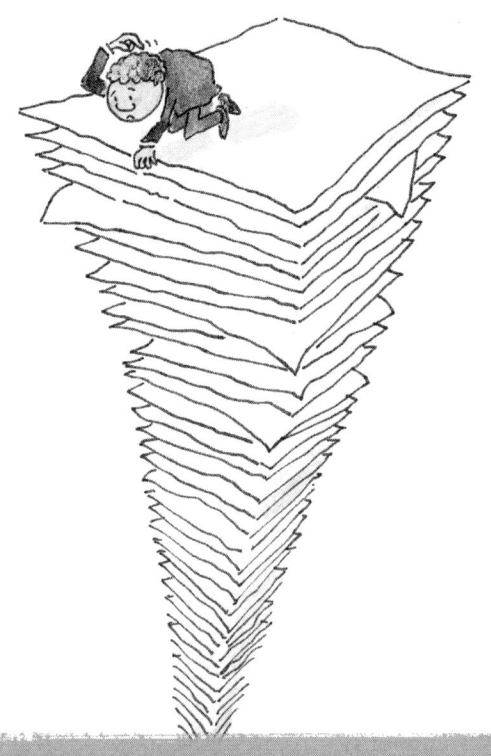

1장
의미 있는 일을 찾아야 할 때입니다

일, 예전에는 짐이었지만 이제는 축복입니다

한국 사회는 급격하게 변하고 있다. 이 변화는 내 인식이나 참여와 상관없이 무차별하게 일어나면서도 늘 우리에게 기회와 도전을 준다. 기회를 붙잡은 사람은 더 나은 삶을 즐길 수 있지만, 기회를 놓친 사람은 낙오자라는 좌절을 겪는다. 이것은 마치 해변에서 즐기는 서핑과 같다. 끊임없이 밀려오는 엄청난 파도의 앞머리를 붙잡고 균형을 이룰 줄 아는 사람은 멋있게 서핑을 즐길 수 있다. 하지만 앞머리를 잡지 못하고 균형을 잃으면 파도에 휩쓸려 바다에 빠질 뿐이다. 파도를 즐길 줄 아는 사람은 큰 파도가 올수록 더 큰 기쁨을 느끼고, 파도 속에서 균형을 잡지 못하고 넘어지는 사람은 파도가 클수록 더 깊은 심연으로 휘말려 들어간다. 지금 우리 앞으로 파도가 밀려오고 있다. 이제 그 파도를 살펴보고, 앞머리를 붙잡기 위한 여정을 함께 시작해 보자.

고령화 사회

한 세대 전인 1970년만 해도 우리나라 전체 인구 가운데 18세 미만 청소년이 차지하는 인구 비율은 50.9%였다. 그런데 최근 통계청에서 발표한 "2006년 청소년 통계"를 보면 청소년 인구 비율이 23.8%로 급락했다.* 40-50대는 증가하는 인구를 염려하며 "아들, 딸 구분 말고 하나만 낳아 잘 키우자"라고 외치던 범국민적 구호가 아직도 귀에 익숙할 텐데, 어느덧 인구 감소를 걱정해야 하는 나라가 되어버린 것이다.

낮은 출산율이나 청소년 인구 감소는 한국이 고령화 사회라는 것을 단적으로 보여준다. 1970년에 3.1%이던 65세 이상 고령 인구 비율이 점차 증가하여 2000년에는 '고령화 사회'로 진입하였다. 고령화 사회(aging society)란 전체 인구 가운데 고령 인구 비율이 7% 이상 14% 미만인 사회를 가리킨다. 고령 인구 비율이 2004년에 8.7%, 2005년에는 10%를 넘어서면서 우리나라는 고령화 사회에서 '고령 사회'로 급속하게 바뀌어가고 있다. 고령 사회(aged society)는 전체 인구 가운데 고령 인구 비율이 14% 이

---
* 통계청, "2006년 청소년 통계."

상 20% 미만인 사회다. 현재 속도대로라면 2018년에는 한국이 고령 사회로 진입할 것으로 보인다. '초고령 사회(super-aged society)'란 고령 인구 비율이 20% 이상인 사회를 말하는데, 우리나라는 2026년경이면 진입할 것이라고 한다. 예측대로 26년 만에 고령화 사회에서 초고령 사회로 변한다면 전 세계적으로 유래가 없는 급속한 변화가 될 것이다. 현재 40대 중반인 사람들이 은퇴할 즈음이면 우리나라는 초고령 사회가 되어 있을 것이다.

세계적으로 OECD 국가들은 향후 50년간 심각한 인구 고령화 현상을 겪을 것으로 전망된다. 대부분의 서구 선진 국가는 20세기 초반에 고령화 사회로 진입하였고, 그중 영국, 독일, 프랑스 같은 나라는 1970년대에 고령 사회로 진입하였다. 일본은 1970년에 고령화 사회가 되었으며 1994년에는 고령 사회에 들어섰다.

우리보다 앞서 고령화 현상을 겪은 나라를 살펴보면, 고령화 사회에서 고령 사회가 되기까지 보통 길게는 40년, 짧게는 24년 정도 걸렸다는 것을 알 수 있다. 그에 비해 우리나라는 18년 만에 고령화 사회에서 고령 사회로 들어설 것으로 예상되며, 고령 사회에서 초고령 사회가 되기까지는 고작 8년밖에 걸리지 않을 것으로 보인다. 2005년을 기준으로 했을 때, 전 세계 고령 인구 비율은 7.4%다. '고령화 세계'가 된 것이다. UN 조사에 따르면

** UN (2005), "World Population Prospects" (2004 revision).

2050년에는 전 세계 고령 인구 비율이 16.1%에 도달하여 고령 사회가 될 것이다. 한국은 더 심각할 것으로 보인다. 현 통계 예측으로는 2050년경 남한은 고령 인구 비율이 37.5%에 도달하여 전 세계에서 가장 고령화된 나라가 될 것이라고 한다.

서구 국가들은 고령화 사회에서 고령 사회로, 고령 사회에서 초고령 사회로 진입하는 데 상당한 시간이 걸렸기 때문에 국가적인 대응 방안을 마련할 수 있었다. 문제는 우리나라가 너무 빠르게 변하고 있어서 정책적·사회적·개인적으로 준비가 미흡하다는 것이다. 우리나라는 노인 부양비 증가율이 30%를 넘을 것으로 보이는 몇 안 되는 나라 가운데 하나다. 이는 앞으로 고령 인구가 기대하는 만큼의 국가적·사회적 지원을 받기 어려울 것이라는 뜻이다. 다가올 고령 시대에 대한 시급한 준비가 필요하다.

장년과 노년의 지위와 역할 변화

고령화 시대를 준비한다는 것은 단순히 재정적인 준비만을 뜻하는 것이 아니다. 물론 노인 복지의 핵심이 노년을 위한 재정 문제 해결이라는 것은 모두가 아는 사실이지만, 재정 비축만으로는 행복한 노년을 준비할 수 없다. 사회 구조 변화와 교육, 문화, 가

※ 통계청 (2005). "장래 인구 특별 추계."

정 형태의 변화 등을 신중히 고려하지 않는다면 결코 변화의 앞머리를 붙잡을 수 없다.

전통 사회에서 나이 든 사람은 가족 대표이자 재산 소유자, 가사(거주, 혼인 등 기타 가정 중대사) 결정권자를 뜻했다. 그러나 산업 사회로 진입하면서 사회 구조가 변하기 시작했다. 의사를 결정할 때에는 서로 대등한 결정권을 행사하는 민주적 유형이 존중받으며, 상하 구조의 지배와 복종이 아니라 상호 의존을 미덕으로 여기게 되었다. 특히 휴대폰, 인터넷 등 통신 수단이 발달하면서 전통적 커뮤니케이션 방법이 점차 뒷자리로 밀려나고 있는 현 시대의 변화를 생각한다면, 전통적인 사회 구조나 옛 미덕을 주장하는 사람은 앞으로 그 자리를 유지하기가 더 힘들어질 것이다. 전통 사회에서 연장자가 누리던 지위와 역할을 기대하는 사람은 더 이상 존경받지 못할 것이다. 민주적이고 상호 의존적인 의사 결정 과정에 숙달되지 않으면 그나마 지키고 있던 자리마저 잃게 될 것이 뻔하다.

도시화 현상과 핵가족 개념이 확산되면서 자녀와 떨어져 사는 사람이 많아졌다. 어릴 때에는 부모에게 의지하고 노년이 되면 자녀에게 의존하는 것을 당연하게 여기는 시절은 옛 이야기가 되어버렸다. 이제 노년이 되어도 자녀에게 의존하는 것은 당연한 일이 아니다. 이런 기대를 버리지 않는다면 어려운 노년을 보내게 될 뿐이다. 일부 신세대 며느리들은 시어머니가 김치를 담가주는 것도 그리 환영하지 않는다고 한다. 담근 김치를 아파트 경비실에 맡겨 놓고 돌아가 전화로 알려주어야 좋아한다고 한다. 물론 이런 식으로 고부 관계를 맺는 사람은 그리 많지 않겠지만, 독립적으로 노년을 보내겠다는 결정을 빨리 내릴수록 파도의 앞머리를 제대로 붙잡을 수 있다.

교육이 대중화되고 정보가 빠른 속도로 유통되면서 나이 든 사람들은 예기치 못한 문제에 부닥치고 있다. 예전에 교육은 소수에게만 허락된 특권이었다. 그러므로 연장자가 삶의 현장에서 터득한 경륜은 귀중한 가치를 지녔고 노인들은 지혜자와 지도자로서 공동체 안에서 자리 잡을 수 있었다. 그러나 교육이 점차 대중화되자 많은 노인이 지적(知的)으로 분리되었다. 또한 이른바 정보화 시대가 되면서 더 많은 정보를 더 빨리 소유하는 것이 부와 지위의 원천이 되었다. 우마차의 속도로 쌓여가는 노인들의 경륜은 더 이상 존경의 대상이 되지 못한다. 노인들이 건네는 조언은 구닥다리 잔소리로 전락하였다. 노인들의 경륜에 담긴 지식과 지혜보다는 포털 사이트에서 지식을 얻는 사람이 많아졌다. 예를 들어 육아 지식을 얻으려는 사람들은 할머니들께 경험을 여쭙는 대신 각종 육아 관련 블로그를 찾아다닌다. 이런 흐름을 앞서서 붙잡지 못한 사람은 점점 자기 위치를 잃어버리고 불필요한 존재로 불행하게 노년을 보낼 수밖에 없다.

변화에 익숙해진다는 것은 쉬운 일이 아니다. 평생 동안 전통적 가치대로 살아왔는데 어느 날 갑자기 그 가치가 자리를 잃는다면 누구나 문화충격을 받게 마련이다. 문화충격을 극복하는 방법 가운데 하나는 과거를 빨리 잊고 새로운 환경에 적응하도록 노력하는 것이다. 자꾸 과거를 돌아보며 한탄하고 시대의 흐름을 정죄하는 태도는 서핑을 하기는커녕 파도에 휘말려 허우적거리게 만들 뿐이다. 이런 흐름 속에서 새로운 가치의 좋은 면을 발견하고 그에 맞게 방향을 새롭게 설정하는 사람이야말로 파도의 앞머리를 붙잡고 제대로 서핑을 즐길 수 있다.

새로운 방향 설정이란
새로운 일을 찾는 것이다

늘 과중한 업무와 책임에 눌려 지내온 40대 직장인은 대부분 은퇴한 뒤에 여유로운 삶을 즐기게 되리라고 생각한다. 골프도 마음껏 즐기고, 게으름도 좀 부리고, 미뤄온 취미생활도 시작해 보리라는 기대로 가득하다. 그러나 은퇴가 가까워지는 50대가 되면 마음이 불안해진다. 그리고 정작 은퇴한 뒤에는 더 이상 자신에게 아무것도 요구하지 않는 현실을 보며 지금껏 기대하던 모든 것은 한낱 꿈일 뿐, 실제로 눈앞에 보이는 것은 의미를 잃어버린 삶이라는 것을 깨닫는다. 자신의 존재 가치에 대해 불안해하고 우울해하며 예민해진다. 기무라 유타카라는 일본 작가는 은퇴 이후의 삶을 간결하지만 생생하게 묘사했다.

나는 1997년 6월, 오랜 샐러리맨 생활에 종지부를 찍었다. 성실하게 일한 40년이었다. 아쉬움이 남지는 않는다. 지금부터는 사회에서 한 걸음 물러나 유유자적한 생활을 보내보자. 우선 면허 취득. 젊은이들과 섞여 자동차 학원을 다녔다. 운동신경이 쇠퇴한 것을 실감하는 매일이었다. 그리고 보통사람의 배에 가까운 60시간을 들여서 겨우 졸업. 처음 하는 운전에 흥분했다. 새로운 세계의 시작이었다. 매일 자유롭게 보낼 수 있게 된 것이다. 골프, 스포츠 센터에서의 수영, 바둑교실, 영화감상 등 자유로운 시간을 만끽하는 나날이 계속되었다. 그런데 반년 정도 지났을 무렵부터는 무엇을 해도 컨디션이 좋아지지 않았다. 일어나는 것도 자는 것도 완전히 자기 마음대로, 제약하는 것은 아무것도 없다. 그런데도 항상 안절부절못하며, 무슨 일을 해도 신경을 집중할 수 없는 날이 계속되었다. 속박되는 일이 없는 자유로운 생활, 계속 꿈꿔온 멋진 제2의 인생이 틀림없을 텐데……. 이 '공허함'은 무엇에서 비롯된 것일까.

고민 끝에 퇴직 후의 생활에 '핵'이 없기 때문이지 않을까 하는 생각이 들었다. 재직 중에도 '회사인간'이라고 할 만큼 회사생활에 묻혀 지내지는 않았지만, 그래도 '일'은 확실히 생활의 '핵'이었다. '일'과 '회사생활'을 통해 사회와 접촉할 수 있었다. 지금은 그 '핵'이 없어진 것이다. 사회와의 접촉이 없다. 취미생활은 말하자면 사회적 긴장감과는 거리가 먼 완전히 '개별적인 것'일 뿐이다. 어느 소설의 주인공이 은퇴한 뒤 자신의 심경을 얘기하는 부분이 떠올랐다. 그 기분을 정리하면 이렇다. "유유자적한 만년을 보낼 거라고 생각했는데, 막상 은퇴해 보니 해방감보다는 세상에서 격리된 듯한 자폐적인 감정에 휩싸였다. 할 일이 없어지니 이상하리만큼 위축된다." 내 기분이 꼭 이렇다고나 할까.

세상으로부터 격리되고 존재감이 없어진다는 것을 절실하게 느끼던 어느 날, 일과의 하나인 산보 도중 한 라면 가게에 들어갔다. 다 먹고 나서야 비로소 지갑을 가지고 오지 않았다는 것을 알아차렸다. 돈을 빌리려고 했지만 명함도 없었다. 내 신분을 증명할 것이 아무것도 없는 것이다. 처음으로 사회적인 무력함을 통감하였다. 그리고 이런 생각이 들었다. '지금 나는 날마다 하늘의 은혜로 그저 먹고 싸고 할 뿐이다. 그리고 지구의 귀중한 산소를 호흡하고 탄소가스를 내뱉는 존재일 뿐이지 않은가. 나라는 존재는 사회적으로 어떠한 의미가 있는 걸까.' 동물은 자기 존재가 무의미(죽음)해질 때를 느끼면 홀로 무리를 떠나간다. 일본의 유명한 승려인 구카이와 시호는 죽음을 알아차렸을 때 단식했다고 한다. 나는 그런 행동력조차 없다. 게다가 수입 문제가 걸린다. 정년 후의 수입은 연금뿐이다. 현역 때와 비교하면 약 4분의 1밖에 되지 않는다. 각오는 하고 있었지만 그 액수에 새삼 놀라곤 한다. 수입을 보태려고 해도 일이 없다. 게다가 가계 지출액은 줄지 않는다. 줄기는커녕 전화비, 수도·광열비, 식비 등 집에 있다 보니 오히려 나 한 사람분이 늘었다. 아내가 무심코 던진 "요즘은 화장실에 휴지가 금방 없어진다"는 한마디가 신경에 거슬린다. 나는 사회적으로도, 가정적으로도 '식충이' 같은 존재인 것은 아닐까. 많지도 않은 은행예금 잔고가 눈에 보일 정도로 줄어가고 있는 것도 무섭다. 밤에는 깊이 자지도 못한다. 그 탓으로 낮에 하루 종일 꾸벅거리면서 존다. 몸은 나른하고 식욕도 없다. 무기력, 허탈감. 마치 살아 있는 시체 같다. 전형적인 우울증이다.[**]

저자의 글에서 가장 깊이 공감되는 부분은 "생활에 '핵'이 없어졌다"는 말이다. 직장생활을 할 때, 일은 늘 짐이다. 벗어버리고 싶은 짐일 뿐이다. 날마다 나를 내리누르고 옥죄는 존재이자 스트레스의 근원인 '일'. 이 일만 없다면 즐겁고 자유로운 생활을 즐길 수 있을 것만 같다. 그러나 저자는 인생에서 일이란 단순한 짐이 아니라 기쁨이라는 사실을 깨닫는다. 변화의 앞머리를 잡는다는 것은 새로운 상황에 처할 때 그에 맞는 새로운 일을 발

[**] 기무라 유타카, "즐거운 엑스트라 인생", 『나의 정년 후』, 이와나미 서점 편집부 편, 박진양 역 (서울, 이진 출판사, 2000), 65-66쪽.

견하는 것이다. 여기서 말하는 새로운 일이란 내 삶에 새로운 핵을 이루고 기쁨과 의미, 보람을 제공하는 것을 뜻한다.

성경에 나오는 수많은 하나님의 사람이 노년에 일했다

많은 사람이 노년을 인생의 끝이라고 생각하고 큰 의미를 두지 않는다. 그러나 성경을 자세히 살펴보면 뜻밖에도 하나님이 노년에 접어든 사람을 세워 위대한 일을 맡기신 것을 곳곳에서 볼 수 있다. 아브라함이 하나님께 부름 받은 나이는 75세다. 아브라함은 노아의 홍수 이후에 태어난 사람이므로, 아브라함이 살던 당시 나이는 오늘날과 거의 비슷하게 헤아려야 한다. 아브라함은 75세에 하나님께 부름 받고 모험의 여정을 시작했다. 75세라고 하면 대부분 인생을 마무리해야 할 나이라고 생각한다. 그러나 아브라함에게는 하나님께 부름 받은 75세 때부터 이삭을 제물로 바친 믿음의 제사 때까지인 약 40년 동안이 인생의 전성기였다.

브니엘에서 환도 뼈가 어긋날 정도로 하나님의 사람과 씨름하고 난 뒤 마침내 '이스라엘'이라는 축복의 이름을 받은 야곱은 그때 이미 90세를 넘긴 늙은이였다는 사실을 기억하라. 삼촌 라반을 향해 열두 지파의 조상이 될 모험의 두려운 첫발을 떼기 시작했을 때, 야곱은 거의 70세였다. 그도 인생의 말년에서야 하나님의 길을 떠난 것이다.

모세는 80세에 하나님의 일을 시작했다. 80년이라는 세월 동안 하나님은 그분의 일을 할 수 있도록 모세를 준비시키고 성숙시키셨다. 이때부터 40년 동안 모세는 하나님을 섬기며 그분께 순종했다. 모세가 위대한 하나님의 사람이 될 수 있었던 것은 노년에 보인 섬김 때문이라는 사실을 잊어서는 안 된다.

모세의 뒤를 이어 지도자가 된 여호수아는 80세가 넘은 나이에 본격적으로 가나안을 점령하기 시작했다. 이때부터 30년간 여호수아는 이스라엘의 지도자로서 어려운 정복의 시기를 이끌었다.

50-60대는 새로운 일을 시작하기에 너무 늦은 나이라는 말은 성급한 판단이다. 오히려 그동안 쌓인 연륜을 바탕으로 하나님의 일을 시작하기에 적절한 나이다. 물론 젊은이들과는 다른 방법과 태도로 하나님이 맡기신 역할을 감당해야 할 것이다. 이 부분에 대해서는 4장에서 좀 더 자세히 다룰 것이다. 많은 믿음의 선조가 노년에 이르러 영적인 영웅으로 활약했다. 이 시대를 사는 우리도 능히 그럴 수 있다. 어쩌면 문명의 이기가 발달한 지금이 오래전 믿음의 조상이 살던 시기보다 이런 일을 감당하기에 더 좋을지도 모른다.

2장
후반전이 더 중요합니다

삶의 열매이기 때문입니다

인생의 후반전이라고도 할 수 있는 '두 번째 인생(second life)'이라는 말은 우리에게 더 이상 낯설지 않다. 이 말은 두 번째 인생의 주체인 장년 이상의 어른보다 30대 이하 젊은 이들이 더 빈번하게 외치고 다닌다. 두 번째 인생을 준비하는 것은 잠깐의 유행이 아니다. 취향에 따라 선택할 수 있는 사항도 아니다. 이것은 이제 현실적인 요구가 되었다. 그렇기 때문에 40대를 넘어선 사람은 누구나 두 번째 인생을 신중하게 계획하고 준비해야 한다. 그런데 왜 갑자기 인생의 후반전, 두 번째 인생이 중요해졌을까?

노년기가 길어졌다

우리나라 국민을 대상으로 조사한 결과, 오늘날 70세에 이른 사람 세 명 가운데 한 명이 90세를 넘어서까지 산다고 한다. 현재 40대인 사람이 70세가 될 즈음에는 70세까지 살아 있는 사람 두 명 중 한 명이 90세를 넘어서까지 살게 된다. 예전에는 90세가 넘은 사람을 보면 보기 드문 장수라며 대단하게 여겼지만, 오늘날에는 90세가 넘은 사람을 주변에서 그리 어렵지 않게 볼 수 있다. 100세를 넘긴 장수 노인도 곳곳에서 찾아볼 수 있을 정도다. 2000년 말, 우리나라에서 100세를 넘긴 장수 노인은 2,221명으로 보고되었다. 어떤 이들은 2050년경에는 100세 넘은 노인이 40만 명을 넘어설 것이라고 예측한다. 이제 60세 환갑을 기념하는 것은 촌스러운 일이 되어버렸고, 칠순도 그리 대단한 기념일로 간주하지 않는 경우가 점차 늘어나고 있다. 이전에는 50세만 넘으면 어깨가 처지고 얼굴에 깊은 주름이 생겼다. 그러나 오늘날에는 60세가 넘은 사람 중에도 청장년층과 같이 건장한 사람이 많다. 일부에서는 중년기를 65세까지로 늘리자는 제안도 있다.

2007년 한국 보건사회 연구원의 보고에 따르면 한국인의 평균 건강수명은 68.6세다.* 건강수명은 평균수명과 달리 삶의 질을 고려한 나이로서 건강하게 활동할 수 있는 수명을 말한다. 성별

---

* 한국 보건사회 연구원, "한국인의 건강 관련 삶의 질과 기대 여명."

로 나누어봤을 때, 남자의 건강수명은 67.5세이고 여자의 건강수명은 69.6세다. 즉 거의 70세까지는 건강하게 활동할 수 있다는 뜻이다. 이에 비해 평균수명은 78.5세로, 남자가 75.1세, 여자가 81.9세라고 한다. 이전에는 중년기 이후 십여 년 정도를 노년기로 보았는데, 지금은 그 기간이 두 배에서 많게는 세 배로 길어졌다.

한국인의 인생 여정(life cycle)이 변했다고 보는 사람도 있다. 30여 년 전만 해도 보통 20년 동안 공부하고, 40년 동안 직장생활을 한 뒤 60세에 은퇴해서 10년 정도 노년기를 보내다 죽는 것을 일반적인 인생 여정으로 여겼다. 그러나 지금은 적어도 30년은 공부해야 직장을 얻을 수 있고, 20-25년 정도 직장생활을 하고 난 후 30년 정도 노년기를 보낸다고들 한다.** 노년기가 사회생활 기간보다 길어진 것이다. 이렇다 보니 예전에는 그저 인생을 마무리하는 시기로만 여긴 노년기가 오늘날에 와서 중요한 시기로 떠오르고 있다.

늘어난 평균수명에 비해
은퇴연령이 낮아지고 있다

얼마 전까지만 해도 '조기은퇴'는 우리나라에서 듣기 힘든 말이

** 한국 기업의 실질 퇴직 평균 연령은 55세로 보고되었다.

었다. 1990년대 말에 IMF 위기를 겪으면서 '명예퇴직'이라는 말이 유행처럼 번져갔다. 사실 이름이 '명예' 퇴직이지, 실제로는 전혀 명예롭지 않은 '퇴출'로 인식되었기 때문에 명예퇴직은 불명예스런 일이었다. 이런 부정적 인식 때문인지 당시 많은 사람이 조기은퇴 제도를 경제 위기 상황에서 나타난 일시적인 현상으로 보았다. 경제가 회복되면 자연스레 없어질 것이라고 생각했다. 그러나 조기은퇴 제도는 사라지기는커녕 한국 사회에 이제 막 자리를 잡아가고 있다. 현재는 비자발적 조기은퇴가 많지만 조금 더 시간이 지나면 자발적 조기은퇴가 유행할 것이다.

기업 운영에 가장 적합한 구조는 연령과 경력에 따라 삼각형을 이루는 구조다. 즉 임금과 경력이 적은 초임자에서 중간 관리, 최고 임원급으로 갈수록 인원이 줄어드는 구조다. 경제성장률이 10%에 가깝거나 두 자릿수의 고성장을 하는 시기에는 의도하지 않아도 이런 구조를 형성한다. 새로운 기업이 우후죽순으로 생겨나기 때문이다. 이런 사회에서는 직장인들이 첫 직장에서 어느 정도 경력을 쌓고 나면 대부분 신생 기업의 중견 사원으로 옮겨간다. 그러면 중간 관리층이 적절한 수준으로 조절되고, 그만큼 새로운 직원을 선발할 수 있다. 그러나 저성장을 하는 시기(경제성장률 5% 이하)에는 새로운 기업을 설립하는 일이 어려워진다. 새로운 기업이 생기지 않는 상황에서는 누구나 한 번 들어간 직장에 필사적으로 붙어 있으려 한다. 따라서 시간이 지날수록 점차 회사의 중간 관리층이 한계에 다다르게 된다. 그래서 기업구조가 삼각형에서 종형(鐘形)으로, 즉 가운데 배가 부른 상태로 변한다. 기업에서 볼 때, 이런 구조는 좋지 않다. 중간 관리층이 지나치게 많으면 생산성이 떨어지고, 신입 사원도 그만큼 진입할 수 없기 때문이다.

우리나라는 이미 저성장 시대로 접어들었다. 의도적으로 벤처 기업을 장려하는 정부의 노력에도 불구하고 벤처 기업은 대부분 생존하지 못하고 있다. 종형 구조를 가진 기업은 강제로라도 중간 관리층을 퇴출시켜 다시 삼각형 구조를 만들려고 한다. 그래서 등장한 방법이 바로 비자발적 조기은퇴 제도다. 실제로 미국에 있는 어느 화학 회사에서 근무한 선배 한 분이 내게 회사에서 겪은 일을 들려주었다. 일본식 경영 방법을 도입한 후, 이 회사는 구조 조정을 감행하였다. 3,000명에 가까운 중간 관리층을 퇴출한 것이다. 그런데 놀라운 사실은 3,000명이나 되는 중간 관리층이 나갔는데도 업무를 진행하는 데 아무 문제가 없었다는 것이다. 이처럼 저성장 시대에 들어선 사회는 어쩔 수 없이 일정 기간 동안 비자발적 조기은퇴 제도를 행할 수밖에 없다.

우리나라는 아무런 안전망도 갖추지 못한 채 비자발적 조기은퇴 제도를 도입했기 때문에 사회적으로 문제가 된 것이다. 무방비 상태로 조기은퇴를 당하는 당사자에게는 황당한 일이 아닐 수 없다. 아마 경제가 호전되어도 조기은퇴 제도 자체는 없어지지 않을 것이다. 더 나은 조기은퇴 여건을 마련하여 좀 더 유연하게 은퇴하도록 만들 뿐이다. 앞으로도 공식적인 은퇴 연령이 되기 전에 비자발적으로 은퇴하게 되는 경우가 더 많아질 것이다.

그러나 전체적인 국가의 부(富)가 선진국형이 되어 점차 안정권으로 들어가면 자발적 조기은퇴가 성행할 것이다. 유럽이나 북미주처럼 복지 제도를 잘 갖춘 나라에서는 은퇴 후 제공받는 복지에 따라 자발적 조기은퇴가 자리를 잡아가고 있다. 현재 많은 서구 국가는 자발적 조기은퇴로 인한 생산 인구 감소 때문에 골머리를 앓고 있다. 은퇴 연한이 65세일지라도 안정적인 연금이 보장되면 그 전에 직장을 떠나버리는 경우가 많기 때문이다. 서구 사회에서는 보통 65세를 노동 은퇴 연한으로 보는데, 실제 은퇴 연령은 평균 62-63세라고 한다.

복지 제도나 연금 제도가 제대로 자리를 잡으면 우리나라에서도 이런 모습이 많이 나타날 것이다. 연금 제도가 가장 잘 갖추어진 교사나 군인 가운데에는 벌써부터 자발적으로 조기은퇴를 하는 경우가 눈에 띈다. 이들은 32년 반을 근무하면 연금 수령 최고 한도에 도달하는데, 퇴직을 하면 사망할 때까지 평균 급여의 75%를 받는다. 결코 적은 액수가 아닌 것이다. 출근하면서 급여 100%를 받는 것과 출근하지 않으면서 급여의 75%를 받는 것은 실제 소득 면에서 따져볼 때 동일하다는 지적도 있다. 군복무를 하지 않는 여교사의 경우, 50대 중반이면 이미 연금 수령 최고 한도에 도달하며, 직업군인도 대개 50대 중반이면 이르게 된다. 그렇기 때문에 자기 삶에 새로운 의미를 찾으려는 사람은 될 수 있는 한 자발적인 조기은퇴를 선택하게 된다.

두 번째 인생은 더 이상 선택이 아니다

예전에는 두 번째 인생을 꿈꾸고 계획하는 것을 배부른 사람에게나 해당되는 사치스런 선택으로 생각하는 사람이 많았다. 그러나 이제 두 번째 인생을 계획하고 준비하는 일은 선택이 아니라 필수다. 평균수명이 급속하게 길어지고 자의든 타의든 직장을 떠나는 시기가 점차 앞당겨지자, 누구든 두 번째 인생을 고려하지 않을 수 없게 된 것이다.

어느 정도 두 번째 인생을 시작할 준비가 된 사람에게 두 번째 인생은 '첫 번째 인생'과는 조금 다른 의미가 있다. 첫 번째 인생은 사실 선택할 여지가 별로 없었다. 하고 싶은 대로 이런저런 일을 선택해서 할 수 있을 만큼 여유로운 사람이 많지 않기 때문이다. 사실 첫 번째 인생은 가족을 돌보기 위해 헌신하는 시기다. 결혼하여 가정을 이루고 자녀를 낳으며, 가족을 위해 집을 구입하고 살림을 늘려간다. 자녀를 교육하고 결혼시키며, 연로한 부모를 봉양하고 자신들의 노후를 준비한다. 이렇다 보니 자신이 좋아하는 일만 골라서 할 형편이 못 된다. 이때에는 직장에 매여 끌려 다녀도 다른 방법이 없다.

그러나 두 번째 인생은 다르다. 두 번째 인생의 기준은 경제적 수입이 아니라 의미와 보람, 기쁨이다. 무엇이든 자신이 원하는 걸 선택할 수 있다. 첫 번째 인생은 두 번째 인생을 위해 투자하는 시기다. 성실히 투자한 사람에게는 두 번째 인생이 풍요로운 삶의 열매가 된다. 안정된 서구 사회에서 두 번째 인생은 늘 기대에 찬 꿈이다. 그리고 실제로 두 번째 인생을 즐기는 사람을 주변에서 쉽게 볼 수 있다.

예를 들어 어릴 때부터 그림 그리기를 좋아한 "짐"이라는 사람이 있다고 하자. 하지만 짐은 그림 그리는 것을 직업으로 삼을 형편이 되지 못했다. 어쩔 수 없이 짐은 세무서에서 일해야 했다. 그림을 좋아하는 감성적인 사람에게 날마다 숫자를 다루는 일은 매우 고역이었다. 그러나 가족을 돌보아야 하는 그로서는 많은 스트레스를 받으면서도 그 일을 묵묵히 견뎌낼 수밖에 없었다.

세무서에서 20여 년을 근무한 짐은 50대 중반이 되자 조기은퇴를 할 수 있게 되었다. 대부분의 회사는 조기은퇴를 할 경우 적절한 패키지 혜택을 제공한다. 연금 비율을 늘려준다든지, 일정 퇴직 금액을 일시불로 더 지급한다든지 하는 것이다. 자녀를 모두 출가시킨 짐은 패키지를 포함하여 받게 될 연금으로 노후생활을 하기에 충분하다는 것을 알고는 망설이지 않고 조기은퇴를 신청하였다. 그리고 50대 중반의 나이에 미술 대학에 진학하였다. 유명한 화가로 대성할 수 없다는 것을 잘 알지만, 짐은 날마다 좋아하는 그림을 그리고 화랑에 작은 소품을 팔면서 남은 노년을 보람 있게 보내고 싶었다. 그의 노년생활은 성공적이었다.

또 다른 사람, "밥"의 경우를 보자. 밥은 어릴 때부터 기계 다루는 것을 좋아했다. 날마다 기계를 분해했다 조립하고, 고장 난 부품을 수리하다 보면 시간 가는 줄 몰랐다. 그러나 학교를 졸업한 후 밥은 주변 친척의 권유로 법률 사무소에서 일하게 되었다. 기계공보다 급여도 많고 사회적으로 인정도 받았지만, 기계를 좋아하는 밥은 법적 문서를 다루는 일이 전혀 즐겁지 않았다. 역시 가족을 부양해야 했던 밥은 다른 선택이 없다는 것을 잘 알았기 때문에 적성과는 거리가 멀더라도 법률 사무소에서 계속 일할 수밖에 없었다.

50대 중반이 되자 밥에게도 조기은퇴의 기회가 주어졌다. 자녀를 양육해야 하는 부담도 없고 구입한 주택의 모기지도 거의 다 갚은 밥은 연금만으로도 기본 생활비를 충당할 수 있다고 생각하였다. 밥은 조기은퇴를 신청하기 2년 전부터 매주 3일씩 저녁마다 가까운 자동차 수리 학원을 다니며 자동차 수리 기술을 배워온 터였다. 그는 골치 아픈 법률 서류보다 자동차 부품을 다루는 일이 훨씬 즐거웠다. 때가 되자 조기은퇴를 한 밥은 패키지로 받은 금액으로 동네에 작은 자동차 수리 가게를 차렸다. 기본

생활비를 연금으로 받고 있는 그는 큰돈을 벌고 싶어서 가게를 연 것이 아니었다. 자동차를 고치면서 고향 동네에 있는 친한 사람과 남은 시간을 함께 보내고 싶었던 것이다. 더 이상 은퇴할 일도, 스트레스 받을 일도 없는 밥은 현재 만족스러운 두 번째 인생을 보내고 있다.

 준비된 두 번째 인생은 축복이다. 이제 우리도 가장 의미 있고 보람 있는 일로 후반전을 시작해야 한다. 어떤 기회가 우리를 기다리고 있을까?

시니어 선교사를 소개합니다

3장

시니어 선교사의 등장과 역사

생각보다 많은 사람이 교회를 섬기는 일에서 기쁨을 누리고 있다. "먹고살 걱정만 없다면 교회 일만 하면서 지내고 싶다"고 말하는 사람도 종종 본다. 실제로 전임 사역자의 길을 가지는 않지만, 하나님께 순종하며 다른 사람을 돕고 섬기는 일에 기쁨과 보람을 누리는 사람이 많다. 이들은 할 수만 있다면 하나님과 교회를 위해 마음껏 일해 보고 싶어한다. 사실 여건이 허락된다면 모든 것을 다 드려 하나님을 섬기는 것만큼 인생에서 보람찬 일도 없을 것이다. 그래서 미국에서는 십여 년 전부터 정년퇴직이나 조기은퇴를 한 사람들 가운데 이런 마음을 품은 이들을 선교사로 세우기 위한 훈련을 시험적으로 시작하였다. 바로 시니어 선교사의 시작이다.

시니어 선교사의 등장 배경

전통적으로 '선교사'라고 하면 네 가지 뜻이 담겨 있다. 1) 신학을 하고 2) 장기간 3) 현지에서 체류하는 4) 전임 전문 사역자다. 선교사는 당연히 선교지에서 평생을 보내기로 작정한 사람을 말하며, 동시에 현지에 늘 체류해야 한다. 그리고 모든 시간을 선교 사역에 드리는 전임 사역자여야 한다. 일부 시간만 사역에 드리고 나머지 시간에는 다른 일을 한다는 것은 있을 수 없다. 또한 선교사란 안수를 받거나 최소한 신학교를 졸업한 전문 사역자여야 한다.

그러나 오늘날에는 이런 전통적인 선교사 개념이 해체되고 있다. 먼저 장기 선교사 대신 단기 선교사(일정 기간 동안 선교 사역을 하고 그 후에는 선교사직을 내려놓는 선교사)가 급격하게 늘고 있다. 선교지에 체류하지 않는 비체류 선교사도 등장했다. 전임 선교사가 아닌 파트타임 선교사도 있다. 자기 직업이 있는 이들은 선교지에서 생활하며 여분의 시간을 내어 선교에 동참한다. 게다가 평신도 선교사도 많아지고 있다.

이런 현상이 나타난 이유는 선교지 상황이 크게 변했고 동시에 선교사를 내보내는 파송국의 상황도 달라졌기 때문이다. 선교사 입국을 금지하거나 극도로 제한하는 나라가 늘어나자 전통적 개념의 선교사로서 선교지에 들어가는 것이 힘들어졌다. 그래서 결국 다른 모습으로 선교지에 들어가 복음을 전하면서 다양한 종류의 선교사가 등장한 것이다.

이뿐 아니라 교통과 통신의 발달로 세상이 좁아진 것도 선교사에 대한 개념 변화에 한몫을 하였다. 배를 타고 며칠 동안 바다를 건너가야 선교지에 도착하던 과거와 달리, 제트 여객기가 등장하고 항공 산업이 발달한 지금은 하루나 이틀이면 가고자 하는 곳에 도착할 수 있다. 또한 예전에는 외국을 여행하거나 외국에 거주한다는 것이 특별한 소수 계층만 누릴 수 있는 특권이었지만 이제는 외국 여행이 국내 여행만큼이나 일반화된 것이다. 사업을 하는 사람들은 기차보다는 비행기 타는 일이 더 잦아졌다. 교통이 발달하고 경제가 윤택해지자 많은 교회가 방학이면 단기 선교 팀을 꾸려 지구촌 구석구석을 누비고 있다. 교회에서 말하는 성도들의 선교 참여란 그저 파송된 선교사를 위해 기도하고 헌금하는 일뿐이라고 생각했는데, 지금은 누구에게나 선교 사역에 직접 동참할 수 있는 기회가 열린 것이다. 따라서 이제는 기회만 있다면 교회의 모든 성도가 선교에 참여할 수 있는 시대가 되었다.

이처럼 선교사 개념이 확대되자 직접 선교 사역에 참여하고 싶어하는 평신도가 많아졌다. 하지만 이런 상황에서도 여전히 나이 든 사람들에게는 선교에 참여하는 길이 쉽게 열리지 않았다. 많은 선교 단체가 파송 선교사 조건에 나이 제한을 두었기 때문이다. 선교지에서는 빠른 언어 습득이 중요하다 보니 결정적으로 언어 습득에 불리한 나이 든 사람에게는 처음부터 자격을 부여하지 않은 것이다. 단기로 참여한다 해도 젊은이에 비해 기동력이 떨어지고, 영어로 기본적인 의사소통을 하는 것도 힘들며, 열악한 선교지 상황을 견디지 못해 자칫 잘못하면 젊은이들에게 짐이 될 거라는 예측들로 나이 든 사람의 참여를 꺼려한 것이 사실이다.

그러나 이런 편견이 서서히 깨지고 있다. 지금의 장년·노년층은 이전 세대의 장년·노년층과 전혀 다르다. 현재 장년층 가운데에는 체력이나 외국어 소통 실력, 문화 적응력, 외국 여행 경험 등에서 볼 때 젊은이들에게 뒤처지지 않을 뿐 아니라 젊은이들보다 더 뛰어난 전문 지식과 능력을 갖춘 우수한 자원이 많다. 이제 새로운 문이 열린 것이다.

선교사 개념이 확대되고 다양해지는 것은 시대적 요청이다

아직도 한국 교회에서는 전통적인 선교사 개념이 주류를 이루고 있다. 평신도가 선교지에서 사역을 한다고 하면 색안경을 끼고 보는 교회도 있다. 그래서 목회자 선교사와 평신도 선교사 사이에는 협력과 동역이 아닌 보이지 않는 담과 긴장이 존재한다. 선교지에 나타나는 이런 긴장이 파송국에도 전해졌는지, 우리나라 목회자 가운데에는 평신도 선교사를 은근히 부정적인 눈으로 보는 사람들이 있다. 그러나 시대가 변했다. 이제 외국에 체류한다는 것은 그리 어려운 일도, 특별한 일도 아니다. 낡은 명분주의에 매달려 목회자 출신 선교사만 고집하는 것은 수많은 훌륭한 자원을 포기하는 결과만 낳을 뿐이다.

다양한 선교 자원을 선교 사역에 투입해야 한다. 예를 들면 해외에서 일하거나 일할 수 있는 사람, 즉 교환 교수나 파견근무자 같은 사람을 전문인 선교 자원으로 활용할 수 있다. 한시적이긴 하지만 2-3년간이라도 선교지에 갈 수 있는 사람들은 단기 선교 자원이 될 수 있다. 또한 외국으로 이민하여 신앙생활을 하는 사람들을 현지 디아스포라 자원으로 활용할 수 있다. 이런 해외 이주 인력을 선교에 활용하는 방안은 신중히 고려해 볼 만하다.

2005년 통계로 볼 때 남한 인구는 4,842만 명에 도달했고, 해외 거주 한국인 수는 663만 명*을 돌파했다. 게다가 최근에는 해외로 이주하는 한국인이 빠른 속도로 늘고 있다. 공식적인 이민자보다 비공식적인 이민자가 늘고 있는데, 일부에서는 2015년쯤이면 이민자 수가 1,300만 명을 넘을 수도 있다고 예측한다.

해외로 이주한 한인을 살펴보면, 현지 교회에 출석하는 비율이 상당히 높다. 특히 외진 지역일수록 한인 교회를 중심으로 교

---

* "외교통상부 조사 자료 : 해외동포 현황", www.okf.or.kr/data/status.jsp, 2007년 5월 11일 접속.

포 사회가 형성된다. 해외에 거주하는 한인 그리스도인의 절반 정도가 선교를 도울 마음을 품는다면, 그래서 교포 10명이 1명분의 선교 사역을 감당해 준다면 약 5만 명이 넘는 선교 자원을 확보할 수 있다. 지난 30년 동안 한국 교회가 온 힘을 다해 파송한 선교사가 15,000명임을 감안할 때, 현지에 이미 정착하여 재정적으로 자립한 5만 명 가까운 선교 자원은 엄청난 자원임이 틀림없다.

이민자뿐만이 아니다. 국내에서 최근 발표한 정부 통계를 보면 3개월 넘게 외국에 체류하고 있는 한국인이 평균 80만 명이라고 한다. 체류하는 동안 이들이 선교사적인 마음을 품고 어떤 형태로든 현지 선교에 도움을 준다면 어떤 일이 일어날까? 국내 비율대로 이들 가운데 약 4분의 1이 그리스도인이라고 보고 10명이 1명의 선교사 역할을 감당할 수 있다면 전 세계에 2만 명의 선교 자원을 파송하는 셈이다. 물론 이런 다양한 자원을 선교에 활용하려면 분명한 역할 분담, 기능에 대한 전문 지침과 활용 능력이 있어야 하고, 현지 전임 선교사와 구조적으로 조화를 이루는 등 해결해야 할 과제가 많다. 그러나 엄청난 자원이 이미 각처에 흩어져 있다는 사실을 간과하는 것은 어리석기 짝이 없는 일이다.

이런 다양한 선교 자원을 고려할 때 절대로 빼놓아서는 안 될 중요한 자원이 바로 시니어 자원이다. 이미 한국 교회에는 시니어 자원이 넘쳐나고 있다. 그중에는 이전 노년층과 달리 재정적으로 여유롭고, 활발히 움직일 수 있을 만큼 건강하며, 충분한 사회 경험과 지식 교육을 바탕으로 얼마든지 세계를 품을 수 있는 자원이 많다. 그들은 누군가가 자신들 손에 의미 있는 일을 쥐어 주길 기다리고 있다.

이들 가운데 많은 사람이 교회 사역을 신중하게 고려하고 있다. 그러나 이들이 출석하는 한국 교회는 인적 자원이 넉넉한데다가 이미 젊은이나 중년층이 교회 사역의 상당부분을 차지하고 있기 때문에 참여하는 것이 쉽지 않다. 특히 바쁜 직장생활 때문에 오랫동안 교회 직분에 소극적이던 남자들이 진입하기란 더욱 어렵다. 그렇다면 눈을 조금만 들어 선교지를 바라보라. 추수할 밭에 일꾼이 없어서 어려워하고 있는 모습이 보일 것이다. 이제 시니어 자원이 적극적으로 선교지에 동원되어야 할 때다.

시니어 선교사의 정의와 역사

이 책에서 말하는 시니어 선교사란 50세가 넘어 선교지에 들어간 사람을 뜻한다. 조기은퇴를 한 사람일 수도 있고, 자영업을 하다가 선교 사역에 헌신하고 싶어서 정리한 사람일 수도 있다. 외국에 체류할 수 있는 전문인으로서 선교지로 떠난 사람일 수도 있다. 물론 평신도만 해당하는 것은 아니다. 한국 교회에서 사역하다가 은퇴한 뒤 두 번째 인생에는 선교 사역을 도우려는 목회자도 있을 것이다. 사역 형태로 보자면, 현지에 집을 구하고 일

년 내내 체류하면서 전적으로 사역에 동참할 수도 있다. 또는 한국에 집을 두고 필요한 프로젝트에 따라 3-4개월 동안 선교지를 돕다가 귀국하고, 다른 선교지에서 프로젝트를 운영하기 위해 다시 출국할 수도 있다. 그러므로 시니어 선교사는 사역의 종류나 형태와 상관없이, 지금까지 전임 선교 사역을 하지는 않았지만 두 번째 인생을 선교사로 헌신하는 50세 이상의 그리스도인을 가리킨다.

미국에서 처음으로 장년·노년층을 정식 선교사 프로그램에 참여시킨 곳은 남침례교회다. 1980년대부터 다양한 단기 선교사 프로그램(ISC, International Service Corps)을 운영한 남침례교회는 현지 필요에 따라 나이 제한 없이 선교 자원을 동원했다. 그러다가 1990년대에 들어서면서 점점 더 많은 장년·노년층이 참여하게 되었다. 이들의 유용성이 드러나자 마침내 1999년에 이르러 정식으로 마스터즈 프로그램(Masters Program)이라는 장년·노년 선교 사역을 발족했다. 마스터즈 선교사가 될 수 있는 기본 자격은 나이가 적어도 50세는 되어야 한다는 것이다. 즉, 50세가 넘은 사람이라면 누구나 마스터즈 선교사가 될 수 있는 자격을 갖춘 셈이다.

마스터즈 프로그램에서는 재능이 다양하고 사회 경험이 풍부한 사람을 받아들여 선교지의 필요에 따라 2-3년 정도 단기 계약으로 선교지에 파송한다. 사역 평가에 따라서 파송 기간은 재계

약이나 연장이 가능하다. 2007년 3월을 기준으로 봤을 때, 미국 남침례교 국제선교부(IMB) 소속 선교사는 총 5,160명이다. 그중 마스터즈 선교사를 포함한 단기 선교사는 1,013명으로 전체 선교사 가운데 약 20%를 차지한다. 마스터즈 선교사가 차지하는 비중이 상당하다는 것을 알 수 있다.[*]

마스터즈 프로그램은 지원 자격에 특별히 까다로운 조건을 두지 않는다. 다양한 사회 경험과 비즈니스 경험을 모두 활용할 수 있도록 개방해 둔 것이다. 단, 50세가 넘은(부부가 지원할 경우, 적어도 한 명이 50세를 넘어야 한다) 남침례교인이어야 하며 미국 시민권자나 영주권자여야 한다. 선교지에서 다양하게 활용할 수 있는 경험이나 교육 경력이 있으며, 하나님의 부르심을 확신하고 전도에 열정이 있는 사람이면 누구나 지원할 수 있다. 이혼한 경험이 있는 사람도 지원할 수 있지만, 먼저 상담 과정을 거쳐야 한다. 신체적·정서적·영적으로 건강하며, 믿음이 성장하고 있는 사람이면 좋다.

일단 스스로 마스터즈 프로그램에 지원할 자격을 갖추었다고 생각하는 사람은 지역 사무소를 찾아가거나 인터넷을 통해 지원서를 제출할 수 있다. 수차례의 상담을 거치고 본부에서 진행하는 3일간의 수련회를 참석하고 나면 허입 여부가 결정된다. 허입

** www.imb.org의 fast facts.

이 되면 훈련 일정을 통보받는데, 훈련에 들어가기 전에 계약과 함께 선교사 임명식(missionary appointment service)을 한다. 7주 동안 버지니아 주 리치몬드에 자리한 선교사 훈련 센터(MLC, Missionary Learning Center)에서 훈련을 받으며, 훈련이 끝나면 정해진 기간 안에 선교지로 출국하게 된다. 이들은 주로 전임 선교사가 해온 사역을 다양한 방법으로 지원하거나, 필요할 경우에는 독립 사역을 감당하게 된다.

현재 우리나라는 이 책에서 다루는 시니어 선교사에 대한 통계나 현황이 파악되지 않고 있다. 1980년대부터 강조된 평신도 전문인 선교사 개념을 통해 장년·노년층 평신도가 일부 파송되기 시작했지만 정확한 연령과 사역에 대한 자료는 찾아볼 수가 없다. 또한 일반적인 전문인 선교사 개념과 시니어 선교사 개념이 명확하게 구별되어 있지 않기 때문에 전문인 선교사 중에 시니어 선교사가 포함되어 있다 해도 분류할 수가 없다. 다만 현 시점에서 살펴볼 때, 이미 1980년대부터 시니어 선교사가 선교지에 파송되었다고 할 수 있다. 그러나 1980년대만 해도 두 번째 인생이라는 개념이 우리 사회에 소개되지 않았기 때문에, 그 당시에는 그저 몇몇 '늦게 헌신한 사람'이 선교에 참여하는 정도로만 여겼다. 게다가 시니어 사역에 대한 구체적인 개념이나 준비가 미흡해서 초기 시니어 선교사들은 선교지에서 예기치 않은 고생을 많이 겪어야 했다. 1990년대 초에 전반적으로 한국 교회의 선교 사역이 성장하면서 시니어 선교사도 조금씩 늘어났지만 주목받을 만한 비중을 차지하지는 못했다.

미주 한인 교회는 일찍부터 시니어 선교 사역에 눈을 떴다. 1998년, 시카고 펠로우십 교회는 "실버 미션 펠로우십"을 조직하여 시니어 선교 사역에 참여하였다. 실버 미션 펠로우십은 회원을 네 부류로 나눈다. 후원 사역 회원, 행정 사역 회원, 현장 사역 회원, 훈련 사역 회원이다. 그중 직접 선교지로 파송되는 현장 사역 회원은 특별히 단기(4주 미만), 중기(4주 이상-1년 미만), 장기(1년 이상)로 구분하여 관리한다. 특히 실버 미션 펠로우십에서 비롯된 "실버 선교 훈련원(SMTC)"은 태국 선교사 출신인 정운길 선교사가 개설한 곳이다. 은퇴자나 은퇴 예정자에게 선교 훈련을 제공하며, 훈련을 받는 사람은 매주 2시간씩 17주 동안 총 34시간의 훈련을 이수하여야 한다.

2000년대에 들어서면서 각 선교 단체마다 시니어 선교사가 많아지기 시작했다. 필자가 돕던 침례교 세계선교 훈련원(WMTC, World Mission Training Center)만 보아도 훈련 기수마다 시니어가 한두 명씩은 있다. 그러나 아직도 한국 교회에서는 시니어 선교사 훈련이 정식 프로그램으로 자리를 잡지 못하고 있다. 2007년 시니어 선교한국 대회를 통해 한국 교회가 시니어 선교사 훈련 과정을 정식 선교 프로그램으로 인정하여 적절한 동원과 훈련, 파송, 전략, 사역을 개발하기를 기대한다.

시니어 선교사의 특성

4장

유지해야 할 장점과 극복해야 할 문제

마 스터즈 프로그램을 운영하는 미국 남침례교 국제선교부도 처음에는 나이 든 사람을 선교 사역에 동참시키길 주저했다. 그러나 프로그램을 직접 운영하면서 뜻밖에 좋은 반응과 결과를 얻자, 사역이 점점 활발해졌다. 우리나라는 아직 시니어 선교사를 본격적으로 활용하지 못하고 있지만, 지금까지 선교지에 파송된 시니어 선교사들을 보면 예상치 못한 좋은 장점을 많이 발견할 수 있다. 물론 장점과 더불어 개선해야 할 문제점도 눈에 띈다. 그렇다면 시니어 선교사가 지닌 장점은 무엇이며, 극복해야 할 문제는 어떤 것인지 실례를 통해 자세히 살펴보도록 하자.

시니어 선교사의 장점

실제로 시니어 프로그램을 운영해 보면 운영 기관의 준비에 따라 시니어 선교사의 장점이 부각되느냐, 문제점이 부각되느냐가 결정된다. 충분한 준비로 장점이 눈에 띌 때에는 만족스럽지만, 때로 준비가 부족할 경우에는 문제점이 두드러지기도 한다. 아직까지는 선교지에서 시니어 선교사의 장점보다 문제점이 더 부각되고 있다. 특별한 배려나 준비 없이 시니어 선교사가 일반 전임 선교사와 섞여서 사역할 수밖에 없는 상황이기 때문이다. 그러나 사실 시니어 선교 자원은 대개 젊은 선교 자원보다 훨씬 많은 장점을 가지고 있다.

대인관계에 원숙하다

목회에서 중요한 비중을 차지하는 요소 가운데 하나가 인간관계다. 사람들은 목회 하면 보통 영적인 일만 생각한다. 그러나 현실은 조금 다르다. 일주일 동안 목회자가 설교, 성경 교육, 영적 상담, 전도, 기도, 예배 등과 같은 영적인 일에 보내는 시간은 20-30%를 넘지 않는다. 목회에서 차지하는 주요 부분은 인간관계를 맺고 그 관계 속에서 지도자로 살아가는 것이다. 대인관계가 평안하고 원숙한 목회자일수록 성도들이 잘 따르고 존경한다. 반면 영적으로 예리하고 은사가 많을지라도 대인관계에 미숙하고 마음을 어렵게 하는 목회자는 성도들이 잘 따르지 않는 피곤한 지도자일 뿐이다.

선교 사역에서도 마찬가지다. 많은 선교사가 미숙한 대인관계를 취약점으로 고백한다. 실제로 현재 한인 선교사들이 중도 탈락하는 요인으로 가장 먼저 손꼽는 것은 동료 선교사와의 관계에서 생기는 갈등이다. 일반 선교사들은 대부분 20대에 신학 교육을 받고 1-2년간의 목회 사역과 선교사 훈련을 마친 후 30대 초반에 선교지에 파송된다. 이들은 언어 습득에 유리하고 사역을 전개해 나가는 데 열정적이다. 그러나 대인관계에 서투르다는 큰 약점이 있다.

15년 전쯤, 한 선교지에서 열린 선교사 모임에 참석한 적이 있다. 모임에 참여하기 위해 먼 지역으로부터 모여든 선교사들을 주목해서 관찰해 보았는데, 대부분 스트레스를 많이 받아서인지 힘들어하고 긴장한 모습이 역력했다. 그들과 교제하면서 나는 그 스트레스의 원인이 대부분 동료 선교사와의 인간관계에서 비롯된 다양한 갈등이라는 것을 알게 되었다.

그런데 그 선교사들 속에서 힘들어하기는커녕 내내 즐거운 표정을 잃지 않는 한 선교사 부부가 눈에 띄었다. 중소기업을 운영하는 사장으로 지내다가 뒤늦게 소명을 느껴, 그때부터 신학을 공부하고 늦은 나이에 선교지로 파송된 사람이었다. 그런 배경을 알고 나서는 속으로 '회사를 운영하던 분이니, 선교지에서도 여유 있는 재정으로 고생하지 않고 지내서 힘들어 보이지 않나 보다'라고 생각했다. 그러나 실상은 전혀 달랐다. 외떨어진 곳에 머물며 불편하게 생활하는 그 선교사는 다른 선교사보다 결코 고생이 적지 않았다. 그런데도 그 선교사 얼굴에서는 긴장과 갈등의 흔적을 거의 찾아볼 수 없었다. 이유가 무엇일까? 그 선교사와 직접 나눠본 대화에서 그 열쇠를 찾을 수 있었다. 그 선교사는 오랜 사회생활을 통해 다양한 사람을 경험한 덕에 대인관계에 성숙했던 것이다. 다른 선교사들처럼 갈등에 직면할지라도 여유 있게 소화시킬 수 있었기 때문에 훨씬 넉넉한 모습이었던 것이다.

이렇듯 시니어 선교사의 장점 가운데 하나가 바로 오랜 사회생활과 직장생활을 통해 키운 원숙한 대인관계 능력이다. 사회생활이나 직장생활을 하는 동안 상사와 부하, 동료 사이에서 겪는 갈등은 결코 적지 않다. 20년이 넘도록 이런 생활을 해오면서 모난 성격이 많이 깎여 나간 사람일수록 갈등을 성공적으로 해결하는 법을 터득하여 원숙한 관계를 유지하는 능력을 갖출 수 있다. 선교지에서 지내다 보면 해결하기 힘든 여러 갈등 상황을 경험하게 마련이다. 이때 똑같은 문제에 부닥쳐도 시니어 선교사는 "네, 그럴 수도 있겠네요. 이건 목숨 걸 만한 일이 아니니 당신들이 원하는 대로 하십시오"라며 여유롭게 갈등을 소화한다. 이런 점은 선교 사역에서 볼 때 굉장한 자산이다.

물론 모든 시니어 선교사가 이런 능력을 장점으로 지닌 것은 아니다. 나이 든 사람이라고 해서 누구나 대인관계에 성숙한 것은 아니기 때문이다. 고집이나 편견, 자존심을 강하게 내세우는 시니어 선교사도 있는데, 이런 사람들은 선교사 간의 갈등을 더 증폭시키기도 한다. 이 부분은 중요한 문제이므로 나중에 다시 다루도록 하겠다.

자녀 양육의 부담이 적다

현재 파송되는 선교사는 대부분 30-40대다. 인생에서 이 시기는 자녀를 낳고 양육해야 하는 때다. 선교 사역에 있어서 자녀 양육은 굉장한 부담이다. 아이가 뱃속에 있을 때부터 어느 정도 사춘기를 지날 때까지 아내 선교사는 사역보다 가정과 자녀에게 매달릴 수밖에 없다. 특히 여러 자녀를 양육해야 하는 경우, 20년에 가까운 시간 동안 사역에 주도적으로 참여하지 못하고 후원자적인 위치에만 머무르게 되는 사람도 있다. 남편 선교사도 자녀 양육의 부담에서 벗어날 수 없다.

선교지는 대부분 안정적인 사회가 아니다. 우리나라처럼 아침이면 유치원 버스가 문 앞까지 와서 유치원 선생님이 아이를 데려가고, 저녁에 다시 집 앞까지 데려다주는 것은 일찌감치 포기해야 한다. 자녀가 어릴 때에는 부모가 일일이 학교로 데려가고 수업이 끝나면 다시 집으로 데려온다. 선교지에서는 외국인인 자녀들이 항상 주목받기 때문에 조금만 소홀히 해도 안전에 문제가 생긴다. 자녀가 여럿일 경우에는 하루 동안 이 일에 쏟는 시간만도 적지 않다. 선교사 자녀가 동네 아이들과 어울리며 많은 친구를 사귀는 일은 이루어지기 힘든 상상일 뿐이다. 그렇기 때문에 선교사들은 대부분의 시간을 집에서 보내는 자녀들을 돌봐주어야 한다. 자녀가 다른 동네에 사는 학교 친구에게 놀러간다고 해도 부모가 일일이 따라다니거나 교통편을 제공해 주어야 한다.

선교사가 되면 우리나라에서 지낼 때보다 더 많은 시간을 자녀에게 투자해야 한다. 선교 사역은 평범한 직장생활과 달리 출퇴근 시간이나 근무 시간이 정해져 있지 않다. 따라서 시간상 가정생활과 사역이 아무 경계 없이 혼재하게 마련이다. 그러다 보면 사역이 기대보다 효율적이지 못할 때가 종종 있다. 자녀 양육의 부담을 버릴 수 없는 한 이런 비효율적인 사역은 피할 수 없다.

그런데 시니어 선교사는 자녀를 양육해야 하는 부담이 거의 없다. 50세가 넘은 시니어 선교사들이 선교지로 갈 때에는 자녀들이 대부분 선교지에 따라오지 않는다. 대학 진학이나 직장생활 등으로 한국에 남아야 하기 때문이다. 함께 선교지로 온다고 해도 부모의 손이 필요한 나이가 이미 지났기 때문에 시니어 선교사들은 시간적 여유를 누릴 수 있다. 어쩌면 자녀를 양육해야 하는 부담을 가진 전임 선교사보다 시니어 선교사가 훨씬 많은 시간을 사역에 투자할 수 있을지도 모른다. 실제로 현지에서 사역하는 젊은 선교사 가운데에는, 원하기만 하면 하루 24시간을 모두 사역에 투자할 수 있다는 점에서 시니어 선교사를 부러워하는 사람도 있다.

재정적으로 안정하다

선교사가 지닌 가장 큰 부담은 사역하는 기간 동안 생활비와 자녀 양육비, 사역 경비 등을 지속적으로 후원받는 일이다. 후원금 모금이 생각보다 어렵기 때문에 성격이 소극적인 선교사에게는 사실 고역이기도 하다. 교단이나 파송 교회에서 후원금을 충당해 주면 좋겠지만 실제로 그런 경우는 극히 드물다. 그리고 젊은 선교사일수록 발이 넓지 못하기 때문에 후원금을 모금하기가 더욱 어렵다. 그때까지 거쳐 온 몇몇 교회 말고는 후원을 부탁할 곳이 없기 때문이다. 그래서 애초에 계획한 후원금을 다 채우지 못한 채 출국하는 선교사도 많다. 이렇듯 성급하게 사역지로 나가는 것은 결코 권장할 만한 일이 아니다. 하지만 이미 선교하러 떠난다는 이야기가 여기저기 나 있는데 후원금 모금은 계획대로 되지 않는다면, 한국에 남아 있는 것이 바늘방석 같을 것이다. 그렇기 때문에 대부분 후원금이 모자라도 어떻게든 일단 떠나려고 한다.

부족한 후원금을 받아 떠나온 선교사는 계획보다 작은 집을 구하고, 언어 습득 프로그램도 되도록이면 저렴한 곳을 찾게 된다. 자녀가 다닐 학교도 학비가 낮은 곳으로 알아보기 위해 발품을 팔며 돌아다닌다. 따라서 많은 선교사가 후원금에 신경을 쓰고 부담을 느끼면서 살 수밖에 없다.

이런 점에서 볼 때, 시니어 선교사는 재정적으로 다른 선교사보다 안정하다는 장점이 있다. 더욱이 인생의 후반전을 시작하기 위해 미리 재정을 준비해 왔다면 훨씬 안정적으로 선교 사역에 참여할 수 있다. 연금이나 퇴직금, 다른 자금을 이용하여 적절하게 재테크를 한다면 한국보다 적은 생활비로도 선교지에서 어느 정도 여유롭게 생활할 수 있다.

물론 시니어 선교사도 후원금을 모금한다. 이때에도 시니어 선교사가 유리하다. 오랜 직장생활에서 맺은 폭넓은 인간관계 덕분에 후원을 요청할 대상이 많기 때문이다. 직장에서 만난 동료나, 사회생활을 하면서 친분을 쌓게 된 신앙인 등 생각지 못한 후원자가 나타나기도 하기 때문에 젊은 선교사들처럼 후원금을 모금하느라 고생하는 일이 드물다. 게다가 시니어 선교사는 대부분 교회생활을 오래 해왔기 때문에 교회에서도 그 사람을 신뢰하는 마음으로 좀 더 쉽게 후원을 결정할 수 있다.

시니어 선교사는 현지에서 사역하는 다른 젊은 전임 선교사보다 경비가 적게 든다. 앞서 언급한 것처럼 젊은 선교사는 자녀를 양육해야 하는 부담이 크다. 학비를 비롯하여 자녀에게 들어가는 다양한 경비가 생활비에서 큰 비중을 차지한다. 자녀수에 따라 넓은 집을 구해야 할 때도 있다. 식생활비나 여가 경비 등을 보아도 부부만 생활하는 시니어 선교사와는 비교가 되지 않을 정도로 많은 재정이 들어간다. 반면 어느 정도 자녀를 양육해야 하는 부담에서 벗어난 시니어 선교사는 훨씬 적은 경비로도 넉넉하게 생활할 수 있다. 집은 부부가 살 수 있을 정도면 충분하고, 자녀 학비에 대한 부담이 없으며, 훨씬 적은 비용으로 식생활이나 여가를 충당할 수 있다. 그래서 젊은 선교사와 같은 수준의 후원으로도 현지에서 훨씬 여유 있게 지내며 사역할 수 있다. 한국에서 자녀를 키워놓고 선교지로 떠난다는 점이 시니어 선교사에게 뜻밖의 장점을 많이 안겨주는 셈이다.

신앙적으로 견실하다

조심스러운 이야기지만 신학교를 갓 졸업하고 사역 현장에 뛰어든 20대 후반이나 30대 초반 사역자보다 20-30년 동안 교회에서 장로나 집사로 성실하게 섬겨온 사람이 기도나 말씀 등 기본적인 신앙 면에서 더 견실한 경우가 많다. 전임 목회 사역자처럼 폭넓은 사역을 하거나 강단 사역을 하기에는 약하겠지만, 신앙의 기본적인 측면에서는 오히려 흔들리지 않는 안정감을 보이는 경우가 많다.

시니어 선교사는 젊은 선교사처럼 개척적인 일에 뛰어들거나 순발력 있게 다양한 일을 처리해 나가는 면이 취약하다. 그러나 자신에게 주어진 사역만큼은 탁월하고 책임 있게 진행한다. 젊은 사역자는 일중독에 빠지기 쉽고 사역에 대한 의욕과 욕심이 넘쳐 종종 영적 에너지를 빠르게 소진하기도 한다. 반면 평생 동안 기도하며 말씀을 읽은 시니어 선교사는 신앙생활에 꾸준히 정진하며 일중독에 빠지는 경우도 적다. 더불어 빠른 시간 내에 에너지가 소진되는 현상도 많지 않다.

즐겨서 하는 일이다

젊은 선교사가 사명감에서 사역하는 데 반해 시니어 선교사는 즐겁기 때문에 사역에 동참한다. 그들은 오래전부터 선교 사역을 바라고 기대해 왔다. 젊은 시절 내내 언젠가는 직장과 사회를 떠나 선교 사역에 참여할 수 있기를 바랐는데, 마침내 그 소망을 이룬 것이다. 그렇기 때문에 즐겁게 할 수 있다. 필자는 선교지에서 많은 선교사를 만난다. 그런데 "참 재미있습니다!"라고 말하는 젊은 전임 선교사는 그리 많지 않다. 그러나 시니어 선교사 가운데에는 많은 분이 망설이지 않고 "정말 재미있습니다! 후회하지 않습니다"라고 말한다.

이렇게 사역에 임하는 동기가 다르다는 것도 큰 장점이다. 즐기며 일하는 사람은 문제가 생겨도 쉽게 좌절하거나 포기하지 않는다. 신앙적으로 소진되기보다는 하나님 안에서 더 깊은 감사와 충만함을 경험하기 때문이다. 이들은 적은 열매에도 실망

하지 않고 감격하며 감사하는 삶을 살 수 있다. 시니어 사역은 즐거운 일이다.

극복해야 할 문제

모든 시니어 선교사가 앞서 언급한 장점을 보이는 것은 아니다. 일반적으로 시니어 선교사에게 그런 장점이 있는 것은 사실이다. 하지만 그만큼 극복해야 할 문제점도 있다. 그중에는 심각한 문제도 있고, 준비 과정에서 쉽게 극복할 수 있는 문제도 있다. 이제 극복해야 할 과제를 살펴보자.

노년에 사역을 시작하면, 사역할 기간이 짧지 않을까?

"50대 중반 이후에 시작한 사역인데, 해봐야 얼마나 하겠어요?"라는 질문을 자주 듣는다. 그러나 이 점은 사실 아무 문제가 되지 않는다. 이런 질문을 하는 이유는 젊은 전임 선교사를 기준으로 시니어 선교사를 평가하기 때문이다. 하지만 젊은 선교사를 기준으로 비교해 보아도 이 점은 심각한 문제가 아니다.

현재 전 세계에 퍼져 있는 선교사들이 선교지에 체류하는 기간은 평균 7년 정도다. 10년 넘게 선교지에 머무는 경우는 10명

---

* 현재 전 세계 선교사의 중도탈락률은 연평균 7%로 보고되고 있다.

가운데 3명밖에 되지 않는다. 한국인 선교사는 이보다 조금 더 길게 머무는 것으로 보인다. 그러나 세계 기준으로 볼 때, 선교 사역 10년은 결코 짧은 기간이 아니다. 50대 중반에 파송된 시니어 선교사도 10년 정도는 충분히 사역할 수 있다.

사실 시니어 선교사에게는 선교사 은퇴라는 개념이 적용되지 않기 때문에 건강만 잘 돌본다면 그보다 더 오래 사역할 수도 있다. 이제 70세가 넘은 나이에도 선교지에 필요한 사역을 감당하는 시니어 선교사를 흔하게 볼 수 있는 시대가 될 것이다. 인생의 후반전을 선교 사역에 헌신할 사람에게 짧은 사역 기간은 결코 약점이 아니다.

신학을 하지 않았는데, 문제가 되지 않을까?

이 문제는 시니어 선교사뿐 아니라 평신도 전문인 선교사도 많이 고민하는 부분이다. 이것은 두 가지 방법으로 극복할 수 있다. 하나는 신학을 전문적으로 공부하지 않아도 참여할 수 있는 사역에 종사하는 것이다.

선교지에 가보면 섬길 수 있는 사역이 굉장히 다양하다. 흔히 사람들은 선교라고 하면 교회 개척만을 떠올리는데, 이 생각은 맞기도 하고 틀리기도 하다. 교회 개척은 분명 선교가 지닌 필수 목표 가운데 하나다. 그러나 현지에 교회를 개척하려면 수많은 사역이 서로 협력하고 지원되어야 한다. 특히 선교 사역이 유지

될 수 있는 기초 또는 기반을 플랫폼(platform)이라고 부르는데, 선교 사역에서는 현지인과 접촉을 늘릴 수 있는 다양한 플랫폼을 형성하고 유지하는 것이 중요하다. 선교지에서는 플랫폼이라는 말을 많이 사용하는데, 우리말로 번역하자면 '사역을 위한 기반이나 발판' 정도가 되겠다. 복음과 빵 중 하나만 선택할 수는 없다. 둘을 함께 제공하는 것이 현실적이다.

교회 개척에 필요한 직접적인 요구만 보아도, 신학을 하지 않은 사람이 참여할 수 있는 프로그램은 다양하다. 교회를 형성하고 유지하는 데 필요한 전도와 기본 양육, 심방과 기도 사역, 건축, 교회 조직과 운영, 성경 교육과 기초 지도자 양성, 구제와 행정, 찬양과 성가대 사역, 다양한 교회 내 봉사활동, 대정부 인가, 단기 선교 팀 활용 등 오히려 신학을 전공해야만 감당할 수 있는 사역이 더 적다. 신학을 공부하지 않고도 교회 개척 사역을 포함한 다양한 사역에 동참할 수 있는 기회가 얼마든지 열려 있다.

다른 하나는 필요한 만큼 신학을 공부하는 것이다. 현재 신학 공부 과정은 신학대학일 경우 140학점에 4년이 요구되고, 신학대학원일 경우 92학점 이상에 3년이 요구된다. 그러나 미국 마스터즈 프로그램에서는 30학점 정도만 이수하도록 권면한다. 자세한 내용은 뒤에서 소개하겠지만, 이들은 주로 개론 과목을 중심으로 공부한다. 헬라어나 히브리어 같은 성서 언어나 각론은 미뤄두고 일단 기본적인 10과목 정도만 이수하는 것이다. 전임 목회자로 사역하기에는 부족하겠지만, 사실 이 정도만 공부해도 "신학이 부족해서 사역을 못 하지"는 않을 것이다. 은퇴하기 2-3년 전부터 지역에 있는 야간 신학교에 일주일에 이틀 정도 나가 공부하면 30학점 정도는 충분히 수료할 수 있다. 신학을 하지 않았다는 문제는 얼마든지 극복할 수 있다.

언어 습득에 취약하지 않을까?

사실이다. 젊은이와 비교해 볼 때 시니어 선교사의 언어 습득 능력은 절대적으로 취약하다. 30대에 외국어를 공부하는 것과 50세가 넘어서 외국어를 공부하는 것은 큰 차이가 있다. 장년·노년층이 한자(漢字) 세대이기 때문에 중국어 같은 언어에 유리할 것 같지만 새로운 문법 구조와 단어를 익힐 때에는 역시 나이를 속일 수 없다. 이 점은 확실한 약점이지만, 최소화할 수 있는 방안이 있다.

먼저 나이가 들었다고 해서 새로운 언어를 배우지 못하는 것은 아니라는 사실을 기억하라. 다만 습득하는 데 젊은이보다 오래 걸릴 뿐이다. 최소한 두 배 이상 걸릴 거라고 예상해야 한다. 젊은이의 경우 6개월에서 1년 정도면 현지에서 생활하는 데 불편하지 않을 만큼의 언어를 습득하는 데 반해 시니어 선교사는 같은 수준이 되기까지 1-2년 정도 걸린다. 시간이 더 들긴 해도 꾸준히 노력하기만 하면 어느 정도 언어를 극복할 수 있다.

두 번째, 언어 습득 목표를 낮추어 잡아야 한다. 선교사가 언어를 습득할 때 세우는 목표 수준은 두 가지다. 바로 사역 수준(ministry level)과 생존 수준(survival level)이다. 사역 수준이란 원고를 준비하지 않고도 설교나 성경 공부를 인도할 수 있는 정도를 뜻하고, 생존 수준이란 일상생활을 해나가는 데 아무 불편 없이 자기 의사를 전할 수 있는 정도를 의미한다. 담당한 사역이 주로 플랫폼을 구축하고 유지하는 일이거나 NGO 형태일 경우에는 생존 수준의 언어 습득을 목표로 한다. 그러나 교회 개척을 하려고 하거나 신학 교육, 제자 훈련 등의 사역을 염두에 두고 있다면 사역 수준으로 언어를 습득해야 한다. 따라서 장기 전임 선교사는 대부분 사역 수준으로 언어를 습득해야 하지만, 시니어 선교사는 생존 수준을 목표로 해도 충분하다. 보통 시니어 선교사가 생존 수준에 도달하는 데 걸리는 시간은 2년 정도라고 한다. 하지만 이 기간은 개인에 따라 더 짧아질 수도 있고, 더 길어질 수도 있다.

세 번째, 언어가 취약하다는 점을 염두에 두고 사역지나 사역 종류를 정할 수도 있다. 모국어와 현지어의 차이 정도에 따라 외국어 습득 난이도가 다르다. 우리나라 사람은 주로 격(格) 변화가 많거나 성조(聲調)가 복잡한 언어를 어려워한다. 따라서 러시아어, 아랍어, 산스크리트어, 태국어, 미얀마어, 페르시아어 등은 배우기 어렵다. 상대적으로 우리가 배우기 쉬운 언어로는 인도

네시아어, 중국어, 투르크계 언어(터키어, 몽골어, 중앙아시아 언어 등)가 있다. 그러므로 선교지를 정할 때 처음부터 배우기 쉬운 언어를 사용하는 나라를 선택하는 것도 한 방법이다.

사회생활을 하면서 어느 정도 영어를 구사해 온 사람은 영어를 통용어로 쓰는 지역으로 들어가는 것도 좋은 방법이다. 영어가 통용되는 지역은 생각보다 많다. 오늘날 선교지로 불리는 지역 중에는 서구 국가에게 식민 통치를 받은 나라가 많기 때문이다. 인도나 필리핀은 영어만으로도 얼마든지 사역할 수 있다. 중동 국가에서도 짧은 영어 실력만으로 의사소통하는 데에 큰 어려움 없이 지낼 수 있다. 싱가포르나 말레이시아 같은 나라도 영어 통용권이다. 동유럽이나 아프리카에 있는 나라 가운데에도 영어를 사용할 수 있는 지역이 생각보다 많다. 완벽하지 않더라도 어느 정도 영어로 자기 의사를 표현할 수 있다면, 일상적인 업무를 처리하는 데 도움을 줄 현지어 통역사는 얼마든지 찾을 수 있다. 필자가 여러 나라를 다니며 만나본 한국인 중에는 완벽한 영어를 구사하지 못하면 부끄러움을 당할까 봐 입을 다물어버리는 사람이 많았다. 그러나 현지인들을 보면 대부분 정말 형편없는 영어로 쉬지 않고 말을 걸어온다. 자신감만 가진다면 우리나라 사람도 선교지에서 훌륭하게 영어로 대화할 수 있다.

또는 현지어가 취약해도 큰 문제가 없는 사역을 맡는 것이다. 플랫폼 사역은 언어 구사 능력이 부족해도 유능하게 해낼 수 있다. 한국어와 현지어로 이미 번역되어 있는 교재를 사용하여 취약한 언어를 보완하는 방법도 있다. 이때 시니어 선교사는 교재 내용을 미리 숙지하고 있어야 제대로 된 교육을 할 수 있다.

네 번째, 자신이 가진 전문적인 사회 경험이나 특기로 취약한 언어를 대체하는 방법이다. 실례를 들어보자. 1990년대, 서울에 자리한 어느 교회 선교부에서 아시아 A국에 선교사들을 파송했다. 하나님의 도우심으로 사역이 확대되고 많은 열매를 맺자, 먼저 파송된 선교사들이 더 많은 선교사를 파송해 달라고 모교회에 요청했다. 그러나 A국으로 선교하러 가겠다는 사람이 생각만큼 많지 않았다. 선교위원회는 매번 모여 이 문제를 의논하고 해결책을 마련하느라 부심했다.

그러던 어느 날, 선교위원 가운데 한 젊은 집사가 나이 드신 위원장 장로에게 이런 농담을 건넸다. "이렇게 사람을 찾을 수 없으니, 위원장님이라도 책임을 지시고 직접 선교사로 가셔야 되지 않겠습니까?" 이 농담이 장로의 마음 깊은 곳을 찔렀다. 결국 장로는 조기퇴직을 신청하고 선교사로 떠나기로 결심했다.

선교지에 도착하자마자 장로가 맡은 사역은 현지 선교사가 세운 신학교를 운영하는 일이었다. 당시 그 신학교는 선교지에서 골칫덩어리가 되어 있었다. 해마다 학생을 모집할 때면 여러 문제로 소란을 일으켰고, 현지 직원들도 성실하게 일하기는커녕 불평으로 가득한 채 문제만 만들어냈다. 한인 선교사들은 신학교 문제로 모일 때마다 서로 다른 의견을 내놓는 바람에 종종 갈등이 생겼다. 그런데 때마침 선교지에 파송된 장로는 고등학교 교장으로 평생 학교에서 생활하다가 조기퇴직을 한 사람이었다.

장로가 신학교를 맡자 놀라운 일이 벌어졌다. 어떻게 다스렸는지 그토록 불평 많던 직원들이 하나같이 변화되어서 분위기가 화기애애해졌다. 학생 모집도 아무런 소란 없이 진행되어 전례 없이 많은 목회 헌신자가 신학교로 몰려들었다. 한인 선교사 사이에서 들리던 학교 운영에 대한 잡음도 언제 그랬냐는 듯이 사라져버렸다. 마침내 이 신학교 사역을 통해 목회의 꿈을 키우는 많은 현지인을 열매로 얻게 되었다. 심지어 한 선교사는 "장로님의 사역이 우리 선교사 세 명의 사역보다 더 귀한 열매를 맺고 있습니다"라고 고백하기도 하였다.

장로는 현지 언어에 미숙했다. 직원들에게 내릴 지시사항을 겨우 전달할 만큼 영어도 짧았기 때문에, 중요한 문제를 결정하거나 회의를 해야 할 때에는 장기로 사역해 온 젊은 선교사가 늘 통역을 해주어야 했다. 그러나 장로는 자신이 지닌 전문성으로 미숙한 언어를 훌륭하게 극복했다. 많은 시니어 선교사가 자신이 가지고 있는 전문성을 적절히 활용한다면 언어가 취약하다는 약점은 얼마든지 극복할 수 있다.

젊은 선교사들과 잘 협력할 수 있을까?

사실 이 문제가 가장 어렵다. 선교사 그룹 사이에서 생기는 대립을 해결하기보다는 갈등을 더 키우거나, 다른 선교사와 잘 어울리지 못하는 시니어 선교사를 가끔 발견한다. 앞에서 시니어 선교사가 지닌 장점 가운데 하나로 원숙한 대인관계를 꼽았는데 어째서 그런 일이 생기는지 쉽게 이해되지 않을 것이다. 여기서 주의 깊게 생각할 점은 나이 든 사람에게는 자신도 모르게 생기는 특징이 있다는 것이다. 나이 든 사람에게 나타나는 다섯 가지 특징이 있다. 바로 의심, 호기심, 조바심, 고집, 노여움이다. 물론 농담으로 가볍게 하는 소리겠지만, 이런 특징은 실제로 나타나기도 한다.

어린아이는 어떤 말이든 그대로 믿는다. 그래서 주님도 "하나님 나라가 어린아이와 같은 사람들의 것"이라고 말씀하셨다. 그러나 어른이 될수록, 사회경험이 많아질수록 사람은 어떤 말도 곧이곧대로 믿으려 하지 않는다. 특히 노인이 되면 그런 경향이 더 심해져서, 쉽게 의심하고 자기 방식대로 해석하며 그 해석을 사실로 받아들이려고 한다. 그래서 노인이 될수록 쉽게 오해하거나 마음을 닫는 것이다. 또 어느 정도 모른 체하거나 빠질 자리에서는 빠져주는 눈치가 있어야 하는데, 노인이 될수록 호기심이 많아져서 혹시라도 자신만 모르는 일이 있을까 봐 모든 일에 일일이 간섭하려고 든다. 조바심도 많아져서 함께 외출할 때면 늘 출발 시간보다 훨씬 일찍 준비하고 들락날락하면서 자녀들을 재촉한다. 나이 든 사람에게 보이는 증상 가운데 가장 두드러지는 것은 바로 완고함이다. 나이가 들수록 자신도 모르게 고집이 생긴다. 물론 수용하는 폭이 넓어지는 사람도 있지만, 대부분은 점점 더 완고해져서 자기 생각과 다른 것은 잘 수용하지 못한다. 그리고 쉽게 노여워한다. 젊을 때는 쉽게 분노하지 않던 사람도 나이가 들면 작은 일에도 노여워하고 감정을 쉽게 풀지 못한다. 어른을 모시고 생활해 본 사람이라면 이런 특징을 대부분 경험해 보았을 것이다.

물론 시니어 나이에 접어든 사람이 모두 이런 성향을 보이는 것은 아니다. 그러나 자신도 모르게 이런 성향이 커져가는 것은 피할 수 없다. 훈련 과정에서 이런 성향들을 확인하지 못해 팀 안에서 자기 역할과 위치를 제대로 정립하지 않으면, 어느새 완고한 사람이 되거나, 모든 일에 지나치게 끼어드는 사람이 되거나, 여유가 없는 사람이 되거나, 갖가지 오해로 관계를 손상시키는 사람이 될 수 있다. 바로 이런 점이 시니어 선교사가 사역에서 부딪히는 가장 핵심적인 난관이다.

반면 시니어 선교사를 존중해야 할 부분도 많다. 시니어 선교사는 대부분 20년 넘게 직장생활이나 사회생활을 하면서 실제적이고 다양한 경험을 많이 쌓아온 사람들이다. 이런 시니어 선교사 눈에는 젊은 선교사들이 일하는 모습에서 미숙한 부분이 보이게 마련이다. 의사결정을 하는 방법이나 회의를 진행하는 문제, 다른 선교사와의 관계에서 일으키는 불필요한 긴장, 책임자로서 지녀야 할 지도력에 관한 문제, 부부 대화에서 보이는 미숙한 점 등 적지 않은 문제가 눈에 띄게 된다. 이때 시니어 선교사들은 도와주려는 선의(善意)에서 조언을 하기도 하는데, 가끔은 이런 선의가 받아들여지지 않아 오히려 경계하거나 회피하는 반응이 돌아오기도 한다. 성급한 일부 젊은 선교사는 공개적으로 시니어 선교사의 약점을 공격하기도 하고, 일부러 반대 의견을 주장하기도 한다. 그렇지 않아도 많은 젊은이 사이에서 조심스럽게 처신하느라 어렵게 꺼낸 말이 이런 반응을 얻으면, 시니어 선교사도 적지 않은 상처를 받고 마음을 닫아버리고 만다. 게다가 크게 잘못하지도 않았는데 나이 든 사람으로서 먼저 손을 내밀어 화해를 요청하는 어색한 상황이 되기도 한다. 이런 관계적인 측면은 선교지에 도착하기 전에 시니어 선교사가 적절한 훈련 과정을 통해 미리 철저하게 다루어야 할 요소다.

그러나 이런 팀워크 면에서 성공할 수만 있다면 시니어 선교사는 젊은 선교사보다 더 귀하고 효율적인 선교 자원이 될 수 있다. 시니어 선교사가 가진 많은 장점을 잘 활용하기만 한다면 결코 뒤떨어지지 않는 좋은 사역을 이룰 것이다. 그러기 위해서는 젊은 선교사와는 다른 준비와 훈련 과정, 돌봄이 필요하다.

5장

시니어 선교사가 되기 위한 준비와 훈련은 조금 다릅니다

경험과 특성이 다르기 때문이지요

시니어 선교사가 지닌 특성과 다양한 경험을 고려한다면 준비와 훈련이 조금 달라야 한다. 이제 본격적으로 선교사로 파송되기 위해 필요한 과정과 준비를 살펴보도록 하겠다. 일반적으로 선교사로 파송되기 위해 가장 먼저 하는 과정은 소명을 확인하는 작업이다. 소명을 확인하고 난 뒤에는 원하는 선교사 파송 단체와 접촉한다. 필요한 검증 절차를 거쳐 선교사로 허입되면 파송 단체가 요구하는 훈련 과정을 이수해야 한다. 훈련이 끝나도 바로 파송되는 것이 아니다. 파송되기 위해 필요한 후원금을 모금해야 하고, 모금을 마친 뒤 파송예배를 드리고 나서야 출국한다. 시니어 선교사도 비슷한 과정을 거치지만, 장기 전임 선교사와는 조금 다른 과정을 거친다. 한국에서 시니어 선교사를 정식으로 구분하여 선교사 프로그램을 운영하는 기관은 현재 극소수다. 따라서 이 책에서 언급하는 것은 하나의 제안이다. 다른 선교사 파송 기관들은 이 책에서 다루는 여러 요인을 신중하게 평가하여 적절한 형태로 각자 프로그램에 반영시키기를 바란다.

선교사로서 갖추어야 할 기본 준비

선교사가 되려면 가장 먼저 선교 훈련 기관에 들어가야 한다고 생각하는 사람이 많다. 하지만 그렇지 않다. 수개월에 걸친 선교 훈련만으로는 결코 좋은 선교사가 될 수 없다. 선교 훈련은 선교사 자원이 선교지에 들어갈 수 있도록 마지막으로 다듬어주는 과정일 뿐이다. 자신이 자란 가정과 교회야말로 선교사를 양성하기에 알맞은 곳이다. 어릴 적에 부모에게 어떤 양육과 사랑을 받았느냐에 따라 선교사의 성품이 대부분 결정된다. 많은 사랑 속에서 행복하게 어린 시절을 보낸 사람일수록 변화에 순종하는 안정된 성품을 보인다. 그러나 부모에게 제대로 보살핌을 받지 못하고 자란 사람은 자기 훈련이 부족하여 고집 세고 불안정한 성격을 보인다. 또 많은 경우 권면을 잘 받아들이지 않아 쉽게 변하지도 않는다.

 선교사 훈련을 십 년 남짓 해오면서 알게 된 사실은 1970년대 이후에 출생한 사람 가운데 상당수가 어린 시절이 행복했다고 고백한다는 것이다. 반면 그 이전에 출생한 사람 중에 어린 시절이 행복했다고 말하는 사람은 매우 드물었다. 그들 가운데에는 역기능 가정에서 자란 사람이 많았다. 그 당시에 우리나라가 경제적으로 빈곤하고 어려웠기 때문인지 가정생활도 지금보다 많이 불안정했다는 것을 알 수 있다. 그래서 선교사를 훈련시킬 때면 1970년대 이후 출생한 사람들을 훈련하는 과정은 그 이전에 출생한 사람들을 훈련하는 과정보다 에너지가 절반밖에 들지 않는다는 말을 농담처럼 주고받곤 한다. 그만큼 어린 시절의 가정환경이 성품과 잠재 능력에 끼치는 영향은 지대하다. 오늘날 시니어 선교사로 파송될 대상은 1960년 이전에 출생한 사람들인지라 안정된 가정환경보다는 어려운 환경에서 자란 사람이 많을 것이다. 따라서 성품 평가를 해보면 부분적인 약점을 보일 가능성이 높다.

자수성가했다고 하면 사회적으로 높은 인정을 받지만, 그런 사람이 지닌 강직한 성품이 뜻밖에도 팀워크를 방해하기도 한다. "내가 선택하지도 않은 사회적·문화적·가정적 영향을 이제 와서 어떻게 하라는 겁니까?"라고 반문하는 사람도 있을 것이다. 맞는 말이다. 다만 그런 환경에서 자란 사람일수록 좀 더 세밀한 성격검사를 거쳐 자신의 장단점을 발견해야 한다. 팀워크를 방해하는 약점이 클 경우에는 출국 전에 적절한 상담이나 내적 치유 과정을 거쳐야 한다. 한때 다른 사람의 은사를 이용한 내적 치유가 유행했지만, 그런 치유보다는 시간이 좀 걸리더라도 상담과 자기 훈련을 통한 내적 치유 과정을 거치는 것이 좋다.

교회생활은 주로 선교사의 영적인 부분을 형성한다. 선교사 훈련 과정을 통해 부족한 부분을 지적해 줄 수는 있지만, 그 부분을 보완할 훈련을 하기에는 시간이 부족하다. 기도생활, 자기 절제, 충성된 삶, 정직한 삶, 말씀을 읽고 묵상하며 공부하는 것, 예배드리는 삶, 순종, 헌신, 자기희생, 전도하는 삶, 기본 양육과 같은 훈련은 교회에서 꾸준히 이루어져야 한다. 이런 훈련이 부족하다면 출국을 1-2년 정도 미뤄서라도 적절한 훈련을 받는 것이 좋다.

선교사로서의 소명을 확인해 주는 것도 지역 교회의 책임이다. 선교지를 돌아보다 보면 선교사로 나와서는 안 될 사람이 파송되었다는 지적을 종종 듣는다. 파송 단체에서 겨우 며칠 동안 진행한 인터뷰로 확인한 소명이나 영적 성숙도는 사실 신뢰하기 어렵다. 얼마든지 대답을 준비해 갈 수 있기 때문이다. 그렇기 때문에 오랜 시간 동안 이들을 관찰하고 함께 생활해 온 지역 교회야말로 소명과 영적 성숙도를 가장 정확하게 평가할 수 있다. 지역 교회 목회자는 준비된 사람, 하나님이 사용하실 수 있는 사람을 선교사로 추천해야 한다. 이 부분은 중요하므로 뒤에서 자세히 살펴보도록 하겠다.

소명

"선교사로서의 소명을 받으셨습니까?" 이 질문에 답하는 것은 반드시 거쳐야 하는 과정이지만, 사실 이런 질문을 받으면 당황스러울 때가 많다. 소명을 어떻게 받는다는 말인가? 하나님의 음성을 직접 듣는 신비한 체험을 해야만 하는가? 그런 사람이 도대체 얼마나 될까? 아니면 나 스스로 하나님이 내게 원하시는 일이 선교라고 판단하는 것은 어떤가? 이런 주관적인 결정만으로 주위 사람들에게 "하나님의 소명을 받았다"고 말할 수 있는가?

소명에 대해 사람들이 취하는 태도는 대개 극단적이다. 신비한 경험을 추구하거나, 이성적인 판단에 의존하는 것이다. 소명에는 두 가지 요소가 있다. 하나는 체험적 요소이고, 다른 하나는 말씀에 대한 순종과 이성적 판단이다.

체험적 요소란 기도 가운데 주어지는 특별한 부담, 또는 말 그대로 신비한 경험을 체험하는 것을 뜻한다. 필자가 만나본 사람 중에 신비한 방법으로 소명을 받은 사람이 있다. 20년 전 쯤, 집회에서 한 미국 여선교사의 간증을 통역한 일이 있다. 그 선교사가 들려준 내용은 이러했다. 선교사는 어릴 때부터 가끔 환상을 보았는데, 매번 같은 장면이었다. 붉은 빛이 감도는 이상한 얼굴색을 한 많은 사람이 두 손을 들고 자기에게 달려드는 것이다. 그로서는 이해가 가지 않는 장면이었다. 대학을 졸업하고 난 뒤, 그리스도인 남편을 만난 선교사는 지역 교회 집사로 성실한 신앙생활을 했다.

그러던 어느 해에 담임목사가 아시아 지역으로 선교 여행을 떠나게 되었는데, 신앙이 좋은 이 집사 부부도 함께 가게 되었다. 어느 지역에서 담임목사가 노방 전도 모임을 이끌던 날이었다. 설교를 마친 담임목사는 예수님을 영접할 사람들을 초청하였다. 마침 붉은 노을이 지는 저녁이었는데, 그 노을빛을 받아 갈색 피부에 붉은 빛이 도는 얼굴색을 한 많은 남자가 웃통을 벗은 채 두 손을 들고 앞으로 나오는 것이 아닌가! 어릴 때부터 보아온 바로 그 환상이었다. 너무 놀란 선교사는 하나님이 자신을 그곳으로 부르셨다고 확신했다. 그 후 선교사는 미국으로 돌아가 남편과 함께 사업을 정리하고 신학을 공부한 뒤 그곳으로 파송되어 섬기기 시작했다. 이런 소명은 체험적인 소명이다. 그러나 기억하라. 이런 부르심은 결코 일반적인 것이 아니다. 하나님은 모든 사람을 이런 식으로 부르시지는 않는다. 따라서 이런 체험적 소명만을 인정하는 것은 극단적인 견해다.

반대로 말씀에 대한 순종과 이성적 판단에 근거한 소명이 있다. 홍해 선교회 창시자 거니 박사가 오래 전에 내게 이런 말을 했다. 거니 박사는 옥스퍼드 의대를 졸업하자마자 에티오피아로 가서 결혼도 하지 않은 채 55년간 북부아프리카와 중동에서 사역한 선교사다. 거니 박사가 어느 날 내게 자신이 옥스퍼드 대학을 졸업하던 해에 하나님이 뭐라고 말씀하셨는지 아느냐고 물었다.

"제가 그것을 어떻게 알겠습니까?"

내 대답에 거니 박사는 이렇게 말했다. "그해에 하나님은 내게 한 마디도 말씀하시지 않았답니다."

놀란 나는 "그럼 하나님이 부르시지도 않았는데 선교사로 나가셔서 평생을 섬기셨다는 말씀입니까?"라고 물었다. 거니 박사는 진지한 표정으로 내게 질문했다. "성경이 정말 하나님의 말씀이라고 믿으십니까?"

그렇다고 하자 박사는 "하나님이 성경에 분명하게 명령하지 않으셨습니까? 너희는 가서 모든 족속으로 제자를 삼으라고 말입니다. 그런데 왜 오늘날 젊은이들은 하나님이 부르시기만 하면 가겠지만 아직 부르시지 않았다면서 주저앉아만 있는지 도무지 알 수가 없습니다"라고 했다.

물론 이 말씀에 순종하는 부르심도 소명 가운데 한 요소다. 그러나 이것만을 의지하는 것 역시 극단적 견해다. 어쩌면 이런 것은 큰 개념의 소명이라고 해야 할 것이다.

이 두 요소 가운데 하나만 택하는 것은 극단적이 될 위험이 있다. 앞서 언급한 미국 여선교사와 같은 체험이라면 달리 할 말이 없지만, 그런 일은 극히 드물다. 금식기도를 하던 중에 음성을 들었다든가, 환상이나 꿈 가운데 특정한 나라의 이름이나 모습을 보았다든가 하는 경우가 많다. 그러나 체험은 한 번 의심하게 되면 맥없이 흔들리기 시작한다. 그러므로 특정한 체험 하나만을 소명의 근거로 삼는다면, 시험이 닥치거나 기대한 열매가 맺히지 않을 때 쉽게 의심하고 깨어질 수 있다. 말씀에 순종한 소명은 그나마 나은 편이다. 그러나 말씀에만 의지하면 구체성이 떨어진다. 하나님의 부르심은 맞지만 선교사가 아니라 한국에서 목회하라는 부르심은 아닌지, 이 나라가 아니라 다른 나라인 것은 아닌지, 이 사역이 아니라 다른 사역으로 부르신 것은 아닌지 계속 흔들릴 수 있다.

건전한 소명은 두 극단 사이에 존재한다. 말씀에 순종하려는 태도에서 시작하되 기도 가운데 하나님이 주시는 부담을 꾸준히 느끼는 식으로 두 요소가 적절히 어우러지는 것이다. 소명은 본인의 느낌뿐 아니라 영적 지도자인 담임목사나 가까운 신앙 동역자의 관점도 일부를 차지한다.

시니어 선교사는 소명을 확인할 때, 젊은 나이에 전임 선교사로 파송되는 사람에게 요구하는 것과 같은 엄격한 절차를 거치지 않아도 된다. 개인적으로 소명에 대한 진술이 있고, 약속한 기간 동안 자신에게 주어질 사역을 성실히 감당하겠다는 분명한 책임감이 있다면 대부분 받아들여질 수 있다.

영적 성숙

시니어 선교사로 파송되려면 어느 정도 영적으로 성숙해야 한다. "어느 정도"라고 표현한 이유는 영적 성숙에는 끝이 없기 때문이다. 완벽하지는 않을지라도 적절한 수준을 갖추어야 한다. 우선 구원의 확신이 분명해야 한다. 성경 지식이 충분해야 하며, 말씀생활과 기도생활이 안정적이고 규칙적이어야 한다. 신앙생활을 하면서 나름대로 하나님을 체험한 경험이 있어야 한다. 규칙적으로 경건의 시간(Q.T.)을 갖길 권한다. 교회의 다양한 분야에서 사역을 해본 경험이 있다면 더 좋다. 무엇보다 다른 사람을 가르치는 은사가 있다면 좋을 것이다. 다른 사람에게 신뢰받는 사람으로서 책임감이 있어야 한다. 인격적으로 사역자의 일을 감당하기에 부족하지 않아야 한다. 신앙생활을 한 기간이 너무 짧다면 더 조심스럽고 신중하게 영적 성숙을 점검해 보아야 한다.

이런 평가는 주관적인 것이다. 절대적 기준은 없다. 그러나 목회자는 선교사에 알맞은 사람을 선별해야 하는 책임이 있으므로, 영적 성숙이 부족하다고 보일 경우에는 선교사로 추천해서는 안 된다. 그런 사람은 1-2년 정도 더 걸리더라도 영적 성숙에 힘을 쏟은 후에 선교사로 지원하도록 권면해야 한다.

부부가 선교지에 함께 가야 한다

이미 홀로 된 사람에게는 해당되지 않는 사항이지만, 배우자가 살아 있다면 반드시 선교지에 함께 갈 것을 권한다. 가끔 시니어 선교사 가운데 남편만 선교지에 가고 아내는 한국에 남아 있는 경우를 본다. 물론 그럴 만한 이유가 있을 것이다. 아내가 한국에서 해야 할 일이 남아 있기 때문일 수 있다. 남은 재산을 관리해야 하거나, 자녀가 어느 정도 성장했더라도 아직까지 부모의 도움을 필요로 하기 때문일 수도 있다. 아내의 건강이 좋지 않아서 선교지에 함께 갈 수 없는 경우도 있다. 그러나 가장 큰 이유는 부부간에 선교에 대한 마음이 하나 되지 못했기 때문이다.

나이가 들면 부부는 서로 자기 의견을 쉽게 굽히지 않는다. 남편은 두 번째 인생을 시니어 선교사로 보낼 것을 강하게 고집하지만, 아내는 자녀에 대한 부담을 벗고 좀 여유로운 삶을 살고 싶어한다. 그런 아내에게 낯선 외국 땅에 가서 살아야 한다는 것은 좀처럼 쉽게 받아들여질 수 있는 일이 아니다. 이런 경우에는 선교지로 떠나는 시기를 미루더라도 부부가 함께 갈 수 있도록 노력해야 한다.

남자는 여자의 연약한 부분을 충분히 이해해 주어야 한다. 여자 중에도 낯선 곳에 대한 호기심과 모험심이 넘치는 사람이 있지만, 대부분은 안정적인 삶을 좋아하며 변화에 거부감을 나타낸다. 특히 나이가 들어갈수록 모험심은 줄어들고 안정에 대한 추구가 커지는 것이 자연스러운 현상이다. 반면 사회생활을 하면서 여러 곳을 다녀보고 다양한 환경을 경험해 본 남자는 이런 부담을 잘 이해하지 못한다. 오히려 사회생활에 지친 남자들은 한국 사회에 싫증을 느끼거나 여러 관계에 매여 있는 삶을 피곤하게 여기기 때문에, 두 번째 인생은 한국을 떠나 낯선 나라에서 새롭게 시작하고 싶은 마음이 클 것이다. 서로 다른 두 마음이 조화를 이루려면 충분한 준비와 시간, 조심스러운 접근이 필요하다.

우선 남편은 미리 의논하지도 않고 어느 날 갑자기 시니어 선교사로 가겠다고 선언해서는 안 된다. 마음에 선교사에 대한 부담을 느끼기 시작할 때부터 차분하고 구체적으로 아내와 의논하면서 함께 기도하고 하나님의 인도하심을 받아야 한다. 남자는 여자가 두려워하는 부분을 간과해 버릴 때가 많다. 예를 들면 여자는 거주 환경, 주변 사람, 청결도, 물건 구입, 시장 환경, 교통의 편리성, 안전 문제와 같은 영역이 낯설면 두려워한다. 한국과 원활하게 연락되지 않는다거나 너무 먼 거리도 부담이 될 수 있다.

그러나 오늘날 대부분의 선교지는 한국 여성이 살기에 그리 불편하지 않다. 대부분 주택도 잘 정돈되어 있고, 거주 환경도 나쁘지 않다. 곳곳에 서구식 대형 할인 마트가 있어서 생필품을 구입하는 데에도 전혀 불편하지 않다. 늘 사고와 사건만 보도하는 매스컴 때문에 특정 국가에 대해 불안해할 수 있지만, 현지에서 실제로 생활해 보면 그런 위험한 일은 극히 드물다는 것을 알 수 있다. 인터넷 전화가 발달했기 때문에 국내 시내전화 요금으로 얼마든지 한국에 있는 가족이나 친척과 대화할 수 있다.

문제는 이런 상황을 모를 때다. 선교지 상황과 환경에 대해 잘 모른다면 상당히 긴장하게 마련이다. 따라서 소망하는 선교지를 부부가 함께 방문하여 거주지 주변을 돌아다녀보고, 마켓도 들러보고, 현지 식당에 들러 편안하고 입에 맞는 음식을 찾아보는 등 사전 경험을 충분히 해야 한다. 이런 과정을 통해 여자들이 지닌 두려움을 완화시켜주어야 하는 것이다.

아내에게 한국을 방문할 수 있다고 약속해 주는 것도 필요하다. 남편과 달리 아내는 일 년에 한두 번 정도 한국을 방문할 수 있게 해주어야 한다. 이런 충분한 정성과 준비를 들여야 부부가 함께 시니어 선교사로 나가기로 결정할 수 있다. 더불어 부모를 이해하고 격려할 수 있도록 자녀와도 충분한 대화를 나누어야 한다.

배우자가 있는데도 남편 혼자 선교지로 떠날 경우에는 예기치 않은 문제가 뒤따르기도 한다. 남자들은 젊을 때와 달리 나이가 들수록 혼자 생활하는 것을 어려워한다. 먹고 사는 일뿐 아니라 모든 면에서 불안정하게 느낀다. 이런 경우에는 선교지에 오래 머물며 의미 있는 사역을 하기는커녕 마음에 상처만 입고 돌아오게 된다. 그 상처는 부부관계에도 영향을 끼쳐 서로 상처를 안고 사는 어려움을 만들 수도 있다. 그러므로 배우자가 있는 사람이라면, 반드시 한 마음으로 선교의 비전을 품고 함께 떠나라. 그렇게 하지 못할 경우라면 하나님의 부르심을 근본적인 부분부터 다시 신중하게 생각하는 것이 좋다.

사역 준비

선교 사역은 전도와 양육으로 요약할 수 있다. 시니어 선교사를 준비하는 사람이라면 누구나 전도와 양육을 충분히 경험해야 한다. 선교사 훈련을 시작하면서 선교사 후보자를 인터뷰할 때 빼놓지 않고 물어보는 질문이 있다. "조직적인 전도 훈련을 받으신 적이 있으십니까? 얼마나 전도해 보셨습니까? 전도한 사람 가운데 성숙한 교인으로 교회에 남아 있는 사람은 얼마나 됩니까? 체계적인 양육을 받아보셨습니까? 개인적으로나 소그룹으로 다른 사람을 양육해 보신 경험은 얼마나 있습니까?" 뜻밖에도 이 질문들에 모두 다 "아니요"라고 답하는 사람이 적지 않았다. 그럴 때마다 "그렇다면 선교지에는 왜 가려고 하시지요?"라고 묻고 싶은 마음이 굴뚝같다. 마음껏 의사소통할 수 있는 한국에서 전도와 양육을 해보지 않은 사람은 선교지에 도착해서도 그런 일을 제대로 감당할 수 없다. 모국에서 충분히 경험해야 선교지에서도 전도와 양육 사역을 감당할 수 있다.

시니어 선교사를 꿈꾸고 있지만 전도와 양육 경험이 부족하다면 지금부터라도 준비하라. 우선 조직적인 전도 훈련을 받아야 한다. 한두 시간 정도 전도에 대한 강의를 듣는 정도가 아니라 "전도 폭발"이나 "연쇄 전도 훈련(CWT, Continuing Witness Training)"과 같은 훈련에 3개월 이상 매주 참여하여 내부에서 미리 연습해 보기도 하고, 담당자를 따라 직접 전도해 보는 실전 훈련을 받아야 한다. 모교회에서 이런 프로그램을 실시하지 않는다면, 가까운 교회를 찾아가서라도 전도 훈련을 충분하게 받아야 한다. 훈련을 받고 난 뒤에는 몇 개월이라도 매주 정한 날 직접 전도해 보아야 한다.

양육 경험이 없어서 어떻게 해야 할지 전혀 모르는 경우 역시 경험 많은 사람을 찾아가 실제로 양육을 받아보아야 한다. 오랫동안 교회생활을 성실하게 해온 사람이라면 체계적인 훈련을 받은 적이 없을지라도 양육이 낯설지 않을 것이다. 그러나 초신자에게 어떤 내용을 먼저 가르치고, 그 다음에는 어떤 부분을 경험하게 하며, 조금 성장하면 무엇을 제공해 주어야 하는지 등 자신만의 체계를 만들어야 한다.

전도와 양육을 할 수 있는 준비를 마친 시니어 선교사는 자신만의 독특한 '무기'를 하나 개발하는 것이 좋다. 여기서 말하는 무기란 선교지에서 자신 있게 이끌 수 있는 프로그램을 뜻한다. 예를 들면 "나는 '전도 폭발' 프로그램을 잘 인도할 수 있다"라든지, "나는 「하나님을 경험하는 삶」 교재를 가르칠 수 있다"라든지, "나는 10주 과정 새신자 훈련을 잘 이끌 수 있다"라든지, "나는 '성경 통독 훈련'을 잘 시킬 수 있다"라든지 하는 식이다. 자신만의 무기가 있다면, 선교지에서 사역할 수 있는 폭이 넓어진다. 시니어 선교사는 선교지에 교회를 개척한 담임목사처럼 모든 일을 혼자서 감당하지 않아도 된다. 그렇게 할 수밖에 없는 상황이라면 최선을 다해 감당해야겠지만, 전문 사역 영역만 맡아도 된다면 그 영역에 매진하는 것이 더 효과적이다. 그러므로 "나는 어디로 가든지 '전도 훈련'을 전문적으로 맡아서 감당하겠다"라는 마음으로 한 가지를 집중해서 준비하는 것이 좋다.

또는 이런 프로그램이 아닌 다른 전문 영역을 가져도 좋다. 예를 들면 "나는 주일학교 교사와 교장을 오래해 왔으니 선교지에서도 어린아이를 돌보는 부서를 책임지고 맡을 수 있다"라든지, "나는 젊은이들을 대하고 함께 시간을 보내며 전도하는 대학생 사역을 즐기므로 이런 일은 책임지고 할 수 있다" 등과 같은 것이다. 이렇게 적절한 무기를 많이 준비할수록 유용한 시니어 선교사가 될 수 있다.

일반적인 전문 기술

시니어 선교사는 사회와 직장에서 활용해 온 전문 기술과 경험이 다양하다는 장점이 있다. 그러므로 영적인 영역이나 사역적인 영역에 대한 준비와 더불어 일반 분야에서 활용할 수 있는 독특한 전문 기술이나 기능을 사역에 잘 적용한다면 시니어 선교사로서의 유용성을 극대화할 수 있다.

오늘날 대부분의 선교사는 '창의적 접근 지역'이나 '접근 제한 지역'에서 선교 활동을 하고 있다. '창의적 접근 지역'과 '접근 제한 지역'은 같은 뜻을 지닌 말로서 선교사의 합법적인 입국이나 활동을 금하거나 극히 제한하는 닫힌 지역을 말한다. 선교사라는 신분으로는 입국을 허락받을 수 없고 현지에서 체류를 연장할 수도 없기 때문에 선교사들은 다양한 신분으로 활동하고 있다. 대부분 처음에는 언어를 배우기 위해 학생 신분으로 지낸다. 그러나 학생 신분은 오래 유지할 수 없는데다가 여러 제약이 따르기 때문에 몇 년이 지나면 다른 신분을 찾는다. 현지 학교에서 교수나 교사 신분으로 살아가기도 하고, 현지에 있는 다양한 기관에 소속되기도 하며, 국제단체의 일원이 되거나 한국 기업에 취직하는 등 다양한 방법으로 현지에 체류할 수 있는 신분을 유지한다.

이런 간접적인 방법 말고도 스스로 NGO나 학교, 문화 교류 기관, 사업체 같은 단체를 만드는 사람도 있다. 이런 기관을 설립하는 이유는 단순히 안정하게 체류할 수 있는 신분을 만들기 위해서가 아니다. 복음을 직접 전하기 어려운 선교지에서 현지인을 만날 수 있는 기회를 만들어주기 때문이다. 이런 효과적인 접촉면 없이 교회 개척을 시작하게 되면 대부분 허공에 대고 손을 흔드는 꼴이 될 수 있다. 또한 이런 기관에서 하는 사역은 그 자체로 현지인을 위한 총체적 선교 기능을 감당하기도 한다. 그렇기 때문에 선교하기가 쉽지 않고 닫힌 지역일수록, 궁극적으로는 교회 개척을 목표로 삼더라도 일차적으로 이런 기관을 세워 사역하며 접근해야 한다. 이런 기관이 바로 플랫폼이다. 일부에서는 이런 경우를 '프로젝트 사역'이라고 부른다.

미국 교회처럼 선교 경험이 많은 곳에서는 새로운 선교지를 개척하면 교단 차원이나 선교본부 차원에서 다양한 플랫폼을 만들어 운영한다. 먼저 선교사를 플랫폼에 집어넣어 안정하게 신분을 유지하고 기본적인 사역을 시작할 수 있게 해주고, 총체적 선교 기능도 수행할 수 있도록 도와준다. 이런 체계를 통해 기독교 병원을 세우기도 하고, 학교를 설립하기도 하며, 출판사나 서점을 열기도 하고, 가난한 나라에 기독교 구호 단체로서 NGO를 설립하기도 한다. 기술학교를 세워 직업을 얻을 수 있도록 돕기도 하고, 가난한 여성을 전문으로 돕는 단체를 세우기도 한다.

한국 교회는 아직 이런 체계적인 선교 틀이 갖추어지지 않았기 때문에, 아무런 발판이 준비되지 않은 환경에 선교사를 투입하기도 한다. 선교사들이 종종 농담처럼 말하기를 비행기에서 낙하산을 하나씩 메이고는 하나님의 축복을 빌면서 공중에서 낙하시키듯 선교사를 내보낸다고 한다. 이렇게 선교지에 도착한 선교사는 앞서 말한 목적을 위해 스스로 플랫폼을 만들 수밖에 없다. 그러나 자본도 없고, 전문적인 플랫폼 운영 기술이나 경험도 없는 신학교 출신 선교사는 이 일에 많은 부분이 소진되기 마련이다.

물론 어떤 선교지에서는 플랫폼 없이 직접 교회를 개척하고 다른 사람을 지도자로 훈련하기도 한다. 이런 지역에서는 굳이 교회를 개척하기 위해 플랫폼을 만들지 않아도 된다. 대신 다른 부르심과 목표를 가진 사람들이 총체적 선교를 목적으로 플랫폼 역할을 할 만한 단체를 세워야 할 것이다.

그러나 오늘날 남아 있는 선교지는 대부분 플랫폼이 필요하다. 교회 개척을 궁극적인 목표로 삼고, 이를 위해 훈련받고 준비된 신학교 출신 선교사가 선교지에 파송된다. 문제는 이때, 플랫폼을 운영하고 유지하느라 너무 많은 시간을 쏟아서 정작 영혼을 대하는 사역이 위축된다는 것이다. 플랫폼 자체도 선교 사역이고 의미가 있지만 신학교 출신 선교사에게는 적절하지 못할 때가 많다.

시니어 선교사가 그 귀중한 가치를 발휘할 수 있는 영역이 바로 이 플랫폼 사역이다. 시니어 선교사는 복음이 필요한 영혼과 얼마든지 접촉할 수 있으면서도 총체적인 선교 사역을 운영할 수 있는 경험과 기술을 지녔기 때문이다. 이를 위해 시니어 선교사는 일반적인 전문 기술을 하나씩 가지길 권한다.

다양한 기술이 활용될 수 있다. 교사로 지낸 사람은 교사 경력을 활용할 수 있다. 물론 선교지에 필요한 내용을 감당할 수 있는 준비도 해야 한다. 예를 들면, 한국어 강사 자격증을 추가로 얻는 것이다. 최근에는 국내 여러 대학에서 11주 정도 과정으로 한국어 강사 자격 취득 과정을 운영하고 있으므로, 이 과정을 마치고 자격증을 얻는다면 상당히 많은 지역에서 활용할 수 있다. 의사나 간호사 경력이 있는 사람은 대부분 자신의 기능을 그대로 활용할 수 있다.

음악이나 미술, 스포츠와 같은 분야에 전문 기술이 있는 사람도 선교지에서 환영받는다. 이슬람에서는 음악이 금지사항(하람[haram] 또는 하렘[harem])이다.* 무슬림 학교는 음악을 가르치지 않는다. 그러나 무슬림은 음악을 좋아하고, 대부분 음악적인 재능이 있기 때문에 사교육을 통해서라도 음악에 대한 욕구를 채우고 있다. 이런 상황은 시니어 선교사가 접근하기에 좋은 기회다. 스포츠는 전 세계 어디에서든 청소년에게 환영받는 분야다. 축구나 농구, 탁구와 같은 구기 종목은 팀만 만들면 얼마든지 현지인과 접촉할 기회를 만들 수 있다.

영어를 가르칠 수 있는 재능도 많은 지역에서 환영받는다. 높은 수준은 아니더라도 가르치는 은사가 있다면 유용하다. 중국의 경우에는 영어만 잘 가르쳐도 많은 학생을 모을 수 있다. 특히 전 세계적으로 IT 기술이 발달하고 널리 보급되면서 컴퓨터 교육에 대한 요구가 상당히 높아졌다. 전문적인 하드웨어 기술은 없어도 기본적인 워드프로세서와 MS Office, 인터넷 활용 정도만 교육시킬 수 있다면 얼마든지 사역할 수 있다. 전문적으로 웹 문

---

* 정통 이슬람학자들은 음악이 하람이 아니라고 가르치지만, 대부분의 무슬림은 하람이라고 믿는다.

서를 구축한다든지, 웹 디자인을 할 수 있다면 상당히 높은 수준의 기관을 운영할 수 있다.

판매 경력이 있는 사람은 판매 기술이나 회사 운영 기술을 이용하여 플랫폼 운영을 직접 도울 수 있다. 건축 기술이나 자동차 수리 기술 등을 가진 사람도 많은 선교지에서 필요로 한다. 수지침이나 이혈치료 같은 기술도 선교지에서 굉장히 환영받을 수 있다. 실제로 주위에서 발견할 수 있는 경험이나 기술은 그 무엇이든 선교지에서 플랫폼을 유지하고 운영하는 데 활용할 수 있다.

플랫폼을 운영할 수 있을 만한 일반적인 전문 기술에 더하여, 사역에서 나름대로 전문적 영역을 가지고 있다면 금상첨화다. 이런 능력을 갖춘 시니어 선교사라면 자기 경험을 활용한 사역을 즐겁고 유익하게 감당할 수 있다. 전임 선교사에게 이런 시니어 선교사는 단순한 동역자를 넘어 커다란 가치를 지닌 존재가 된다. 그러므로 시니어 선교사가 되기 위해서는 나름대로 이 두 영역(일반적 전문 기술과 사역에서의 전문 영역)을 반드시 준비하길 권한다.

인성 검사

앞에서 언급한 대로 시니어 선교사가 극복해야 할 가장 큰 취약점은 팀워크다. 나이 든 사람은 자신도 모르는 사이에 연장자가

지니는 성격적인 특성을 보이게 된다. 문제는 정작 자신은 이런 약점을 심각하게 인식하지 못한다는 것이다. 누군가가 지적해주어도 인정하지 않는 경우가 많다. 그러나 이런 취약점이 선교지에서는 관계에 치명적인 어려움을 불러일으킬 수 있다.

이런 면을 극복하려면 준비 단계에서 전문적인 인성 검사를 거쳐야 한다. 일반적으로 선교사가 받는 인성 검사로는 MBTI, TJTA, MMPI, DISC, 이렇게 네 가지가 있다. 이 검사들은 각기 특성이 다르다.

MBTI(Myers-Briggs Type Indicator)는 자신의 성향이 어떤 유형인지 판단하는 검사다. 네 영역으로 나누어 성향을 분별하는데, 첫 번째는 어디로 관심이 집중되고 어디에서 에너지를 얻는가에 따라 외향성(Extraversion)인지 내향성(Introversion)인지를 구분한다. 두 번째는 정보를 어떻게 수집하고 인식하는가에 따라서 감각적(Sensing)인지 직관적(iNtuition)인지를 구분하며, 세 번째는 어떻게 판단하고 결정하는가에 따라 사고 중심(Thinking)인지 감정 중심(Feeling)인지를 구분한다. 마지막으로는 생활양식이 판단 중심(Judging)인지 인식 중심(Perceiving)인지를 구분한다. 이 검사로 16가지 유형의 성격을 알 수 있다. MBTI는 성격이 좋냐, 나쁘냐를 보여주는 것이 아니라 어떤 유형인지 보여주고, 다른 유형과 어떻게 공존할지를 알려주는 검사다.

TJTA(Taylor-Johnson Temperament Analysis)는 개인의 적응

과 상호 관계에 영향을 주는 9가지 요소를 측정하는 검사다. 예민함과 침착함, 우울함과 쾌활함, 사교적인 면과 비사교적인 면, 외향적 성격과 내향적 성격, 동정심과 냉담함, 주관적인 면과 객관적인 면, 지배적인 면과 순종적인 면, 적개심과 관용, 자기 훈련과 충동성 등에서 어떤 성향을 보이는지를 검사한다. TJTA는 각 요소에서 자신이 어느 정도 수준인지를 점수로 환산하여 평균치에서 얼마나 벗어나 있는지를 보여준다는 특징이 있다. 문화권에 따라서 평균치가 조금씩 다르므로 전문가의 해설을 참고하여 자신의 문제를 판단해 보아야 한다. 완벽하게 균형 잡힌 성격을 지닌 사람은 아무도 없다. 그러나 어떤 요소들이 모일 때에 문제를 일으킬 가능성이 많아지는지 판단할 수는 있다. 예를 들어 주관적인 요소가 아주 강하며, 적개심이 많고, 지배적이며, 충동적 성향이 강한 사람은 십중팔구 팀 사역에서 문제를 일으킨다. 이런 사람은 자기 문제를 쉽게 인정하지 못하고, 늘 자신이 옳다고 생각하며, 다른 사람에게 지나치게 많은 것을 요구하여 어려움을 줄 수 있다. 그러나 TJTA는 개인의 장점과 은사도 보여준다. 검사를 통해 알게 된 장점과 은사를 잘 활용하고 개발한다면 선교사로서 큰 열매를 맺는 데 도움이 될 것이다.

MMPI(Minnesota Multiphasic Personality Inventory)는 다면적 인성 검사법으로 주로 대학생 성격 검사나 기업체의 인사 관리에 사용한다. 특히 한국에서는 22종으로 세분화한 표준집단을 통해 제작한 검사를 주로 이용하며, 성격에서 비정상적인 측면을 분별해낸다. 예를 들면 고의적인 부정직, 좋게 보이려는 성향, 부적응 정도, 방어적 경계심, 절망감, 무력감 정도, 스트레스 대처, 심리적 갈등이나 불안, 사회적 규범 순응성, 성(性) 정체감, 대인관계에 대한 민감성, 자기 정당성, 만성적 불안, 주의집중 곤란, 정신적 혼란, 긍정적 활력, 정신적 에너지, 사회적 관계의 내향성 등을 검사한다.

DISC는 1928년에 윌리엄 마스톤 박사가 개발한 행동 유형 모델 검사다. 환경을 어떻게 인식하고, 그 환경 속에서 자기 힘을 어떻게 인식하느냐에 따라 인간은 4가지 형태로 행동한다고 보고 그 행동 유형을 알아보는 것이다. D형(Dominance)은 주도형, I형(Influence)은 사교형, S형(Steadiness)은 안정형, C형(Conscientiousness)은 신중형이다. 이 검사가 지닌 목적은 자신과 타인의 행동을 인식하여 효과적으로 상호 작용할 수 있게 돕는 것이다. 또한 이 검사를 통해 자신에게 맞는 갈등 관리와 대인관계 유지법, 학습법 등을 발견할 수 있다.

인성 검사는 종류에 따라 각기 독특한 특성을 가지고 있다. 따라서 특성에 따라 적절한 검사를 받을 수 있다. 만약 이 가운데 한두 가지만을 해야 한다면 TJTA와 MBTI를 받아보길 권한다. 50세가 넘은 사람이 성품을 바꾸려면 굉장한 노력과 시간, 인내가 필요하다. 그러므로 자신의 약점을 발견했다 해도 출국 전에 받는 간단한 치료로는 변화를 기대하기 어렵다. 선교사들이 이런 인성 검사를 하는 목적은 자신의 특성을 객관적으로 분별하고 스스로 이를 인정하여 장단점을 이해하도록 돕기 위해서다. 동시에 나와 특성이 다른 사람을 보고 잘못되었다고 하거나 정죄하는 태도를 버리고, 상대방을 있는 그대로 인정하도록 도우려는 것이다. 선교지로 떠나기 전에 자신의 약점과 특성을 인정하며 염두에 두고 팀워크 현장에서 행동할 수 있다면 커다란 유익을 얻을 수 있다.

신학 교육

시니어 선교사가 굳이 신학을 공부할 필요는 없다. 신학을 하지 않았다고 해서 사역하는 데 큰 어려움이 있는 경우는 드물기 때문이다. 그렇지만 신학 교육을 받을 수 있는 여건이 마련된다면 굳이 거부할 필요도 없다. 정규 신학대학이나 신학대학원 과정을 모두 수료하지는 않아도 된다. 목사 안수나 신학 학위가 필요한 경우를 제외하고는 현장에 필요한 핵심 과목 정도만 이수하면 충분하다.

미국 마스터즈 프로그램은 참여자에게 30학점 정도, 그러니까 10과목을 이수하도록 권면한다. 한국도 10과목 정도만 이수하면 충분하다. 주로 신학의 각 영역에서 개론에 해당하는 과목을 듣길 권한다. 신약 개론, 구약 개론, 조직신학 개론, 교회사 개론, 실천신학 개론, 전도학, 목회학, 선교학 개론, 기독교 교육 개론, 기독교 사회복지 개론 등이다. 이 정도의 신학 교육은 시니어 선교사를 본격적으로 준비하기 2-3년 전부터 가까운 신학교에서 야간 과목이나 집중 과목으로 수강하면 큰 부담 없이 수료할 수 있다. 시니어 선교사를 하는 데 굳이 학위가 필요한 것은 아니므로, 정식 입학 절차를 거쳐 여러 학사 관리를 받는 과정이 없어도 되는 청강 제도를 이용하면 좋을 것이다. 시니어 선교사 프로그램이 활성화되어 각 교단마다 신학 교육을 받으려는 사람이 많아진다면, 신학대학에서 정규 과정이 아닌 프로그램을 만들어 제공하고 수료증을 수여할 수도 있을 것이다. 이런 프로그램을 거친 사람은 선교 현장에 가서도 사역을 하기에 신학이 부족하다는 말을 듣는 일은 없을 것이다.

파송 기관 선택

앞서 이야기한 개인적인 준비가 어느 정도 갖추어지면 좀 더 실제적인 작업을 시작해야 한다. 자신을 파송하고 관리해 줄 파송 기관을 선택해야 하는 것이다. 선교사는 파송 받을 선교부나 선교 단체에서 요구하는 훈련을 수료해야 하므로, 어느 기관에서 파송 받을지는 훈련에 들어가기 전에 결정해야 한다. 기관에 따라서는 훈련을 수료한 후에 최종적인 허입을 결정하는 곳도 있으므로 미리 살펴보길 바란다. 이때부터는 모든 일이 공적으로 이루어진다.

파송 방법은 크게 두 가지로 나뉜다. 하나는 소속된 지역 교회에서 파송되는 것이고, 다른 하나는 선교사 파송 전문 기관에 소속되어 파송되는 것이다. 지역 교회에서 파송될 경우, 전문성을 가지고 파송 선교사를 관리해 줄 능력이 있는 교회라면 괜찮지만 그렇지 않을 경우에는 권하고 싶지 않다. 지역 교회는 자교회의 단독 파송 선교사라는 호칭을 선호하는데, 정작 현지에 나간 선교사가 아무런 도움이나 관리를 받지 못한다면 많은 어려움을 당하기 때문이다. 선교사 관리 능력이 없는 지역 교회는 선교사에게 선교사 파송 전문 기관을 소개해 주어 그곳에서 파송되도록 하는 것이 지혜로운 처사다.

선교사 파송 전문 기관에도 두 가지가 있다. 하나는 교단 선교부이고, 다른 하나는 초교파 파송 기관이다. 대부분 지역 교회는 소속 교단의 선교부를 통해 선교사를 파송한다. 교단의 정체성을 띨 수도 있고, 후원금 모금이나 관리도 유리하기 때문에 대부분의 교회는 이 방법을 선호한다. 교회 내에 시니어 선교사로 지망하는 사람이 있을 경우 담임목사는 소명을 확인하고 난 뒤 이들을 교단 선교부에 소개하고 교단 선교부 소속으로 파송되도록 도와주는 것이 좋다. 각 교단 선교부마다 다양한 시취(試取)

과정과 훈련 과정이 있다. 아직 시니어 선교사에 대한 이해가 많지 않기 때문인지, 시취 과정에서 요구하는 자격에 통일된 지침은 없는 것 같다. 이런 상황에서는 담임목사가 중요한 역할을 할 수 있다.

초교파 파송 기관은 국제적 네트워크를 가졌거나 전문성을 중심으로 파송하는 단체다. 예를 들면 OMF, WEC, InterServe 등은 국제단체의 한국 지부로서 선교사를 모집하고 파송한다. 반면 GBT 같은 단체는 WBT(Wycliff Bible Translators)와 손을 잡고 성경 번역에 관련된 전문 선교사만 파송하는 전문 단체다. 인터콥이나 HOPE는 전문인 선교사를 중심으로 파송하고, OM은 주로 기동력을 중심으로 사역하는 선교사나 단기 선교사를 파송한다. 그러므로 초교파 단체에서 파송 받으려고 할 경우에는 미리 그 기관의 특성과 사역을 자세히 연구하여 자신의 비전과 맞는지 확인하고 선택해야 한다. 또한 초교파 단체를 선택할 경우에는 담임목사와 충분히 의논한 뒤에 결정하는 것이 좋다.

파송 기관을 선택했다면 그 뒤부터 이어지는 모든 과정은 해당 기관과 의논하면서 선택하고 이수해 가야 한다. 그 다음은 선교사 훈련을 이수하는 단계로서 선교사가 되는 데 중요한 부분이다.

선교사 훈련

구체적으로 선교사를 준비하는 첫 단계가 바로 정식 선교사 훈련이다. 출국 전에 받는 선교사 훈련(Pre-field missionary training)은 크게 네 가지 목적으로 운영된다. 첫 번째는 선교지로 떠나는 선교사에게 선교 사역에 대한 큰 그림을 가질 수 있도록 도와주는 것이고, 두 번째는 불필요한 시행착오를 줄여주는 것이다. 세 번째는 문제해결 능력을 키워주는 것이고, 마지막으로는 가족 전체가 한국 생활에서 선교지 생활로 부드럽게 진입할 수 있도록 돕는 것이다. 그밖에도 언어 습득 능력을 키워주고, 선교사로서 갖추어야 할 사역 습관을 길러주며, 선교에 필요한 학문적 지식을 제공하고, 선교사로서 계속 성장할 수 있는 방법을 훈련하는 기능을 한다.

필자가 사역한 WMTC는 이 네 가지 목적을 위해 여섯 영역의 훈련을 제공한다. 영성 훈련(spiritual formation), 인성 훈련(character building), 타문화권 사역 훈련(cross-cultural ministry skill), 선교학(missiology), 언어 습득 훈련(language acquisition), 정신적·육체적 건강(mental and physical health) 등이다. 현재는 시니어 선교사만을 위한 훈련 과정이 없는 것으로 알고 있다. 훈련 프로그램을 따로 운영하기에는 시니어 선교사로 지원하는 사람이 많지 않기 때문이다. 일부 훈련 기관에서는 단기 선교사를 대상으로 6-7주 정도 실시하는 훈련에 시니어 선교사를 함께 훈련하기도 한다. 이럴 경우, 시니어 선교사에게 필요한 부분이 단기 선교사로 나가는 젊은이들과 여러 면에서 다르다 보니 훈련의 효율성이 떨어질 때가 많다. 앞으로 많은 파송 기관에서 시니어 선교사를 대상으로 하는 훈련이 독립되어 실시된다면 좋을 것이다.

시니어 선교사에 대한 선교 훈련도 앞서 언급한 기본 틀대로 운영하면 된다. 그러나 거기에 더하여 시니어 선교사에게 필요한 부분을 특별히 강조해야 한다. 또한 훈련이 요구하는 사항이나 강도를 젊은 선교사와는 다른 수준으로 조절해야 한다.

우선 장기 전임 선교사(career missionary) 훈련에서 중요시하는 전략 훈련은 시니어 선교사 훈련에서는 크게 강조하지 않아도 될 것이다. 대신 인성 훈련을 강조해야 한다. 인성 훈련 방법으로는 다양한 상황에서 어떻게 팀워크를 이뤄나가야 할지를 시뮬레이션으로 시행해 보는 것이 있다. 처음에는 다양한 팀워크에서 생기는 갈등을 사례연구(case study) 방법으로 토론하도록 한다. 그 다음에는 인성 검사에서 동일한 성향으로 나온 사람과 팀을 이루어 공동 과제를 풀어보도록 한 뒤, 반대로 서로 다른 성향을 지닌 사람을 모아 공동 과제를 풀어보도록 하여 두 과제의 진행과 결과를 훈련생들이 스스로 평가해 보도록 하는 방법도 좋은 훈련이 된다. 이런 과정은 훈련생들로 하여금 자신과 다른 부분이 있다는 것은 잘못된 것이 아니며, 그저 말 그대로 다를 뿐이라는 사실을 이해하도록 돕는다. 젊은이들과 함께 공동 과제를 수행하도록 하여 경험이 많은 시니어 선교사들이 인내하고 수용하며 묵인하는 폭을 넓히는 훈련도 해야 한다.

훈련 형태로는 공동생활을 하는 기숙 훈련이 적절하다. 함께 살아간다는 것 자체가 무형식 훈련으로서 훌륭한 가치를 지니기 때문이다. 처음에는 서로 체면을 지키려고 곧잘 양보하지만 조금씩 시간이 지나면서 스트레스가 쌓이면 다양한 충돌을 경험하게 된다. 이를 통해서 문제해결 능력을 키워가는 것이다.

사람들은 대부분 나름의 문제해결 방법을 가지고 있다. 어떤 사람은 정면으로 부딪쳐 문제를 해결하기도 하고, 어떤 사람은 속으로 끙끙대면서도 겉으로 표출하지 않고 참는 방법을 사용하며, 어떤 사람은 곧바로 공동체적 해법을 요구한다. 훈련 과정에서는 자신에게 익숙한 방법이 아닌 다른 방법을 경험하도록 해주어야 한다. 정면으로 부딪치는 방법을 선호하는 사람에게는 참고 인내하는 방법이나 공동체적인 접근을 권하고, 속으로 참기만 하는 사람에게는 정면으로 부딪쳐보기를 권하고 연습시켜 보아야 한다. 공동체적 해결(새로운 규칙을 정하거나, 문제해결을 위해 위원회를 구성하는 방안)을 추구하는 사람은 어떤 분위기에 어떤 상황이 적절할지를 경험하게 해주어야 한다. 선교지에서 겪게 되는 모든 갈등은 공동체 생활을 하는 훈련 기간 동안 작은 규모로 표출된다. 이를 해결하는 능력을 키워 선교지에서 큰 좌절 없이 생활할 수 있도록 해야 할 것이다.

언어 훈련

시니어 선교사에게 가장 큰 난관은 언어 습득이다. 언어의 약점을 극복하는 방법은 앞 장에서 언급하였으므로 반복하지 않겠다. 시니어 선교사로 떠날 준비를 하는 사람은 될 수 있는 한 영어 회화 연습을 충분히 할 것을 권한다. 어느 나라든 한국어로 현지어를 가르치는 곳은 찾아보기 힘들다. 대부분 영어로 현지어를 가르친다. 그러므로 영어가 중요한 언어 습득 도구가 된다. 영어만 할 줄 알면 현지어에 능숙하지 않아도 어느 정도 의사소통을 할 수 있다. 영어는 국제 언어이기 때문에 영어로 의사소통할 수 있는 사람은 곳곳에서 만날 수 있다. 그러나 하루아침에 영어를 할 수 있게 되는 것은 아니므로 무리하게 애쓰지는 말되 할 수 있는 만큼 노력하는 것이 중요하다.

현지에 도착하면 언어 학교에서 공부할 것을 권한다. 특히 도날드 라슨(Donald Larson)의 방법으로 훈련하는 것이 좋다. 도날드 라슨의 방법이란 학생 역할, 거래자 역할, 이야기꾼 역할로 언어나 문화를 배우는 방법이다. 주로 현지인과 끊임없이 접촉하여 언어와 문화를 숙달하는 것이다.

언어 습득에 적용해 본 라슨의 방법은 다음과 같다. 학생 역할은 처음 언어를 배우기 시작한 초기 3개월 정도를 의미한다. 날마다 언어 학교에서 다섯 문장 정도를 배운 다음 오후 내내 시장이나 동네를 돌아다니며 만나는 사람 아무에게나 다섯 문장이 입에 익숙해질 때까지 말을 걸어보는 것이다. 처음에는 이상한 사람으로 보일 수도 있고, 그들이 하는 대답을 알아듣기도 힘들 것이다. 하지만 자신이 하는 말에 조금씩 반응하는 사람을 보면 재미있어진다. 하루에 다섯 문장씩, 3개월만 꾸준히 외워도 200개가 넘는 문장을 외울 수 있다. 200문장이면 어느 정도 일상생활을 하는 데 불편하지 않을 만한 수준이다. 집에서 혼자 공부하고 외우기만 하면 말이 입에 붙지 않는다. 반드시 날마다 현지인에게 수없이 말을 걸어 보아야 한다.

  3개월이 지난 후에는 거래자 역할로 바꾸어본다. 거래자 역할은 현지인과 서로 말을 주고받아보는 단계다. 현지인도 잘 이해할 수 있는 그림이나 사진을 하나 준비하라. 예를 들어 야구하는 사진을 한 장 들고 길거리로 나가보는 것이다. 3개월 정도 매일 거리에 나가 사람들에게 말을 걸었다면 이제 어느 정도 안면이 있는 사람이 생겼을 것이다. 이들에게 사진을 보여주고 말을 걸어보라. 사진을 들고 간 이유는 지금 말하려는 것이 무엇인지를 그들이 짐작하게 하기 위해서다. 3개월 정도 배운 언어 실력으로는 야구를 제대로 설명할 수 없을 것이다. 투수를 가리키며 "이 사람은 공을……" 하고 머뭇거리면 현지인이 이어져야 할 말을 만들어줄 것이다. "투수는 공을 던진다." 이것이 맞는 말이다. 그러면 현지인이 한 말을 따라 반복하라. 그 다음에는 다시 사진에서 타자를 가리키면서 "이 사람은 공을……"이라고 하면 현지인이 다시 "타자는 공을 친다"라고 말을 이어줄 것이다. 이런 식으로 학습자는 단어 몇 개를 나열하고, 그 뒤 현지인이 만들어주는 문장을 반복하면서 말을 배우는 것이다. 이 방식은 언어를 습득하는 데 굉장히 효과적이다. 학생 단계에 이어 3개월 동안 하루도 빠짐없이 이런 식으로 현지인에게 배울 수 있다면 놀라운 속도로 언어가 유창해질 것이다.

그렇게 3개월이 지나고 나면 이제 이야기꾼 역할을 해보라. 이야기꾼 역할은 지금까지 배운 것을 다 동원하여 5분 정도의 이야기를 만드는 것이다. 한국을 알리는 이야기도 좋고, 자신을 소개하는 이야기도 좋다. 현지인을 찾아가서 이야기를 들어달라고 부탁한 후 이야기를 시작해 보라. 이들은 이야기를 들으면서 발음을 교정해 주기도 하고 잘못된 표현을 수정해 주기도 할 것이다. 9개월 동안 이 방식을 따라 학생 역할, 거래자 역할, 이야기꾼 역할을 꾸준히 실행한다면 언어에 자신감이 생길 것이다. 무엇보다도 도날드 라슨 방식은 선교사가 자연스럽게 현지인들과 어울릴 수 있게 해준다. 처음에는 이상한 사람 취급을 받겠지만 곧 친구가 되고, 당신을 보면 반갑게 다가와서 말을 거는 사이가 될 것이다.

시니어 선교사도 언어를 배울 수 있다. 젊은 선교사보다 목표를 낮춰야 하고 시간도 오래 걸리겠지만, 극복할 수 있다는 자신감을 가지라.

선교 사역을 위한 재정 준비

선교사 훈련을 수료했는가? 이제 출국하기 전에 필요한 마지막 단계에 도달했다. 바로 사역을 위한 재정 준비다. 시니어 선교사가 재정을 마련할 수 있는 방법은 세 가지가 있다. 첫 번째는 스스로, 또는 가족이 재정을 충당하는 것이다. 은퇴하면서 퇴직금을 받았거나 은퇴 연금을 받을 수 있다면, 이 재원을 우선 사용하라. 장성한 자녀가 부모의 선교 사역을 위해 재정을 지원하는 것도 좋은 방법이다. 외부에서 지원받는 재정이 적을수록 사역이나 생활을 하는 데 좀 더 자유롭다.

한국에 있는 주택을 처분하는 일은 신중해야 한다. 될 수 있는 한 돌아와서 거처할 수 있도록 주택을 그대로 남겨두는 것이 좋다. 한국의 주택가격 상승률을 고려할 때 시니어 선교사가 선교지에서 돌아와 다시 주택을 구입한다는 것은 매우 힘든 일이다. 그러나 주택이 아닌 다른 부동산이나 동산이 있어서 이를 두 번째 인생을 위해 사용하기로 작정하였다면 얼마든지 처분해도 좋다. 선교지에서 개인 재정으로 주택이나 차량을 구입했다면,

선교 사역을 마쳤을 때 그 재산을 팔아 다시 개인 재정으로 가지고 돌아올 수 있다. 하지만 후원금으로 구입한 주택이나 차량 등은 선교지에서 돌아올 때에도 개인 재정으로 가지고 올 수 없도록 규정한 단체가 많다. 그러므로 개인 재정과 후원금을 함께 사용할 경우, 어떤 재정에서 구입한 물건인지 명확하게 구분해 두어야 한다.

두 번째는 모교회에서 후원을 받는 방법이다. 대부분의 교회는 선교사를 파송할 때 선교사를 후원하기 위한 예산을 짠다. 선교위원회와 충분히 대화를 나눈 뒤 후원을 받아야 한다. 모교회의 후원을 받기 위해서는 교회가 차기년도 예산을 작성하기 전에 필요한 후원을 정식으로 요청하여 선교위원회에 제출하는 것이 중요하다. 시기를 놓치면 교회에서도 당황스러워할 수 있기 때문이다.

세 번째는 모교회가 아닌 다른 자원에서 후원금을 모집하는 방법이다. 모교회는 아니지만 개인적으로 관계가 있는 교회가 있을 경우 그 교회에 후원을 요청할 수 있다. 사회생활을 하면서 인연을 맺어온 동료들에게 개인 후원을 요청할 수도 있다. 다니던 직장의 신우회나, 신앙 교류를 해온 학교 동창들에게 요청할 수도 있다. 때로는 모교회의 공식적인 후원 말고도 교회에서 함께 지내온 신앙 친구들이 따로 후원을 해주기도 한다. 이 방법은 얼마나 폭넓은 관계를 유지하고 신뢰를 받아왔는지에 따라 많은 차이가 난다.

　재정을 준비할 때에는 먼저 현지에 있는 선교사와 충분히 토의한 뒤 매달 필요한 목표 금액을 정해야 한다. 시니어 선교사는 젊은 선교사보다 자녀 양육비가 많이 들지 않기 때문에 대부분 적은 액수로도 생활할 수 있다. 그렇더라도 한국에서 살던 수준보다 지나치게 낮춘 생활수준을 고집하는 것은 좋지 않다. 적응하기 어려울 정도로 지나치게 낮은 수준으로 생활하는 것은 적응력이 부족한 시니어 선교사의 특성을 고려할 때 지혜로운 일이 아니기 때문이다. 물론 현지 선교사가 거리감을 느낄 정도로 부유한 생활을 해서도 안 된다.

　목표 금액이 결정되면 먼저 개인적인 재정으로 채울 수 있는 부분을 점검하고 모교회에서 지원받을 수 있는 공식 후원금을 확인한 뒤 대외적으로 모금할 금액을 결정한다. 모금은 시간과 비례한다. 충분한 시간을 두고 모금 활동을 시작하는 것이 좋다. 간증과 소명, 사역 계획, 필요한 재정 규모, 구체적인 후원 요청 등을 간략하게 적은 기도편지를 만들어서 후원해 줄 대상자들에게 보내고 결정을 부탁한다. 선교사에게 있어서 후원금 모금은 사실 피하고 싶은 과정이다. 그러나 후원금 모금 활동은 다른 사람이나 교회가 선교사로서의 부르심을 인(印) 쳐주는 과정이므로 믿음으로 성취해야 한다. 필요한 목표액의 80%가 되지 않는다면 출국을 늦추고 모금 활동에 더 시간을 쏟아야 한다.

재정을 마련할 때, 시니어 선교사는 스스로 감당할 몫을 최대한 늘려야 한다. 시니어 선교사가 선교지로 나가는 가장 큰 목적은 두 번째 인생을 의미 있게 보내기 위해서다. 따라서 시니어 선교사는 젊은 선교사와 달리 많은 부담에 시달리지 않고 어느 정도 여유 있게 지내면서 감당할 수 있을 만큼의 사역만 담당하려는 경향이 있다. 그렇다면 당연히 큰 몫의 재정은 스스로 부담해야 한다. 필요한 생활비와 경비 전액을 지원받으면서 여유 있는 만큼만 사역을 감당하려는 것은 용납되지 않는다. 교회가 이런 시니어 선교사보다 젊은 선교사들을 지원하는 것은 당연한 일이다. 시니어 선교사는 어느 정도 자비량적인 요소를 갖추어야 경쟁력이 있음을 명심해야 한다.

파송예배

자! 여기까지 어려운 과정을 모두 거쳐 왔으면 이제 마지막 단계로 파송예배를 드려야 한다. 시니어 선교사는 되도록이면 정식적인 파송 절차와 파송예배를 거치길 권한다. 이런 절차를 거치지 않으면 선교지에 있는 다른 사역자가 시니어 선교사를 경계하게 된다. 이 사람이 은퇴하고 이민 온 사람인지, 개인적으로 선교지를 방문해서 체류하는 사람인지 알 수 없기 때문이다.

분명한 모교회가 있는 시니어 선교사는 당연히 모교회에서 파송예배를 드려야 한다. 모교회가 분명하지 않은 선교사는 후원교회 가운데 한 곳에서 파송예배를 주관해야 한다. 선교사 파송패 같은 파송 기념물을 받는 것이 좋다. 시니어 선교사에게 있어서 파송예배는 공식적으로 선교 사명을 인정받는 자리다. 파송 선교사의 간략한 간증과 파송될 선교지 소개, 사역 소개 등이 파송예배 순서에 포함된다면 교회 성도들에게 좀 더 좋은 인상을 심어줄 수 있다. 파송예배까지 모두 마친 시니어 선교사 부부는 오랫동안 꿈꿔온 선교지로 떠날 날짜만 기다리면 된다.

6장

SM5, SM6, SM7
시니어 선교 사역의 실제

드디어 선교지에 도착하였다. 어떻게 사역하는 것이 가장 효과적인 방법일까? 30-40대 선교사들과 똑같은 형태로 일하는 것이 효과적이지 않다면 어떤 형태로 사역해야 하는가? 이 장에서는 이런 문제들을 실제적으로 다루려고 한다.

우선 사역을 시작하는 연령에 따라 시니어 선교사를 세 부류로 구분해 보았다. 시니어 선교사(Senior Missionary)의 약자인 SM을 붙여 각각 SM5, SM6, SM7이라고 나누었다. 이 셋은 각각 50대, 60대, 70대에 시니어 선교사로 섬기기 시작한 사람을 뜻한다. 이렇게 나눈 이유는 연령에 따라 체류 기간과 사역 형태가 달라야 하기 때문이다. SM5에 가까울수록 선교지에 장기 체류하면서 일반 사역에 참여할 수 있다. 반면 SM7에 가까운 시니어 선교사일수록 고도의 전문성을 요구하는 단기 프로그램을 운영하는 것이 좋다.

연령에 상관없이 선교지에 오기 전 사회 경험을 살려서 작은 규모의 사업체를 운영하며 비즈니스 선교로 접근하는 방법도 있다. 특별한 경우이긴 하지만 한국에서 목회자로 일생을 보낸 사역자가 두 번째 인생은 선교지에서 사역하는 경우도 있을 수 있다. 이제 연령에 따라 적합한 사역 영역을 하나씩 살펴보자.

SM5

50대에 시니어 선교사로 사역을 시작하는 사람은 대부분 전임 선교사와 비슷한 사역을 할 수 있다. 물론 50대라도 50대 초반인지, 50대 후반인지에 따라 상당한 차이가 있겠지만, 평균적으로 50대에는 일반 선교사와 거의 동일한 사역을 할 수 있다. 이 연령대의 시니어 선교사는 대부분 선교지에 집을 구해 체류하면서 언어를 배우고 젊은 사역자와 팀을 이루어 사역하는 것이 가능하다.

SM5에게는 정식으로 언어 습득 과정을 거치길 권한다. 생존 수준의 언어 습득을 목표로 하되 목표한 수준에 도달하는 데 걸릴 기간을 정하도록 한다. 이 기간에는 사역보다 언어 습득에 중점을 두어야 한다. 사역 수준의 언어 습득을 목표로 한다면, 언어 습득 기간 중에는 사역에 관여하지 말라. 그러나 생존 수준을 목표로 할 경우라면, 도울 수 있는 사역에 기꺼이 참여하되 일정 기간 동안에는 언어 습득을 우선하도록 한다.

전문 사역을 하는 것도 좋지만, SM5는 대개 다양한 일반 사역도 수용할 능력이 있다. 따라서 언어가 되는 만큼 교회 개척에 필요한 전도와 양육, 예배, 교육, 목회 등 다양한 요구를 기꺼이 도와야 한다. 이런 일반 사역 말고도 전문화한 사역을 찾을 수 있다면 시도해 보는 것도 좋다. 몇 가지 예를 제시한다. 이 예는 SM5에게만 해당되는 것은 아니다. 하지만 일 년 내내 현지에 체류하는 SM5에게 더 유리한 사역인 것은 분명하다. 이 사역들 가운데에서 감당할 만한 사역을 몇 개 선택하여 섬긴다면 유용한 사역자로 자리 잡을 것이다.

교회 개척에 팀원으로 참여

교회를 개척하려면 다양한 은사가 필요하다. 따라서 자유롭게 의사소통하기도 힘든 시니어 선교사 혼자 교회를 개척하기는 어렵다. 그러나 교회를 개척하는 팀에 들어가 은사에 맞는 부분을 담당한다면 얼마든지 교회 개척 사역에 동참할 수 있다. 심방과 위로 사역을 담당한다든지, 어린이 프로그램을 전담한다든지, 대학생 사역을 지원한다든지, 전도 프로그램에 참여한다든지, 기도회를 맡는다든지 하는 식으로 다양한 사역에 참여할 수 있다.

전략 조정 선교사를 돕는 기능

전략 조정 선교사(Strategy Coordinator)란 전임 선교사 중에서 선발되어 특별한 기능을 맡는 선교사다. 미전도 지역이나 미전도 종족을 담당하며, 특별히 복음을 전할 총체적인 전략을 세우고 하나님의 선교 자원이 필요한 지역에 들어가 효과적으로 사역하도록 조정하는 사람이다. 예를 들면, 전략 조정 선교사는 수집한 선교지 정보를 전자 팸플릿으로 만들어 교회와 그리스도인 모임에서 특정한 미전도 지역이나 종족을 소개한다. 그리고 미전도 종족을 위해 중보기도 할 사람을 모으고 지속적으로 중보기도를 할 수 있도록 기도제목을 보내준다. 동시에 선교지에 필요한 다양한 자원, 즉 성경 번역, 성경 배포, 방송 선교, 캠퍼스 사역, 교회 개척, 문서 배포 등 해당 선교지에 필요한 자원이 사역에 원활하게 연결될 수 있도록 촉매 역할을 한다. 때로는 교회 개척 운동(CPM, Church Planting Movement)이 일어나도록 촉매자와 지도자 역할을 하기도 한다. 전략 조정 선교사들은 서로 다양한 정보를 교환하기도 하고, 필요한 자원을 동원하는 일에 협력하기도 한다.

전략 조정 선교사는 현지어와 문화에 상당히 능통해야 하기 때문에 시니어 선교사가 전략 조정 선교사가 되기는 어렵다. 그러나 전략 조정 선교사와 협력하여 그들의 사역 중에서 일부 영역을 지원할 수 있다. 다양한 경력의 시니어 선교사가 효과적으로 도울 수 있는 사역이다.

단기 선교 팀을 통한 선교 사역

단기 선교 팀(mission trip team)은 두 가지 목적을 가진다. 하나는 선교지에 필요한 사역을 단기간에 지원하는 일이다. 다른 하나는 짧은 기간 동안 사역을 경험케 하여 단기 선교에 참여한 사람에게 선교에 대한 도전을 심어주는 일이다. 단기 선교를 통해 장기 선교사가 배출되기도 하고, 선교사로 헌신하지 않더라도 선교를 지원하는 귀중한 자원이 되기도 한다. 그러나 장기 사역을 진행하는 선교사들은 단기 선교 팀에 너무 많은 시간을 빼앗기는 것을 어려워한다. 단기 팀이 올 때마다, 자녀를 양육해야 하는 젊은 선교사가 매번 며칠씩 여행에 동참할 수도 없는 노릇이다. 그런 면에서 이런 단기 선교 팀을 맡아 전적으로 돌보는 사역은 시니어 선교사가 담당할 수 있다.

단기 선교 팀을 맡은 시니어 선교사는 하루 종일 단기 선교 팀원들과 함께해야 한다. 숙소 문제부터 식사 문제, 교통편, 사역지 방문 등 여행 중에 요청하는 온갖 사항에 응해 주어야 한다. 배탈이 나는 사람, 현지 식사에 적응을 못해서 힘들어하는 사람, 멀미하는 사람 등을 보살펴주어야 한다. 현지 문화를 경험하기 위해 선교지를 여행할 때에도 함께 가야 한다. 단기 선교 팀을 동원하고, 그들을 통해 장기 사역의 한 부분을 집중적으로 지원하게 하며, 선교지에서 여러 긍정적 체험을 겪게 하여 선교 자원으로 키우는 일은 매우 중요하다. 시니어 선교사가 즐겨서 할 수 있는 좋은 사역 영역이다.

현지 학교 운영

선교지는 대부분 18세 이하 청소년 인구 비율이 높다. 그중에는 교육받을 기회가 전혀 없는 청소년이 많다. 이들을 교육할 기독교 학교가 운영된다면 아주 귀한 사역이 될 것이다. 무료나 저렴한 가격으로 교육 기회를 제공한다고 하면, 기독교 신앙을 가르치는 기독교 학교라는 것을 알아도 기꺼이 자녀를 보내준다. 문제는 학년이 높을수록 현지 정부에서 요구하는 조건이 까다롭고, 자격을 갖춘 현지 교사일수록 높은 급여를 주어야 한다는 것이다. 따라서 선교사들은 대부분 적은 급여로도 교사를 쉽게 구할 수 있고 작은 시설에서도 운영할 수 있는 유치원이나 초등학교를 운영한다.

　이런 학교 사역은 온전히 운영에 헌신할 수 있는 선교사가 절실하다. 각종 행정, 물품 구입, 재정 조달, 교사 관리, 정부와의 관계, 학부모와의 관계 등 여러 영역을 맡아서 해야 하기 때문이다. 따라서 사회생활을 충분히 해본 시니어 선교사가 담당하기에 좋은 영역이다.

문서 사역

선교지를 둘러보면, 사역을 지원해 줄 문서가 많이 부족하다. 문서 사역은 생각보다 많은 시간과 에너지, 인내가 필요하다. 이런 이유로 젊은 선교사 가운데에는 문서 사역이 필요하다는 것을 알면서도 충분한 시간을 내지 못해 미루고 있는 사람이 많다. 저술이나 번역 등은 언어가 유창한 전임 선교사가 해야겠지만, 작업에 필요한 자료를 다양한 형태로 제작하고 공급하는 사역은 시니어 선교사가 감당할 수 있다.

어느 정도 컴퓨터 작업을 할 수 있거나 인쇄 경험이 있으면 좋을 것이다. 그런 경험이 없다면 문서 사역을 위해 한국에서 미리 컴퓨터 문서 편집, 인쇄 기술 등을 배워둘 수도 있다.

음악 사역

음악은 만국 공용어라고 할 만큼 모든 민족이 사랑하는 분야다. 그러나 대부분의 선교지에서 음악 교육을 받는다는 것은 굉장한 특권이다. 물론 어떤 지역은 한국보다 음악 교육 수준이 더 훌륭하기도 하지만, 대부분은 극히 제한되어 있다. 특히 이슬람 지역은 음악, 그중에서도 관악기나 현악기를 하람으로 규정하여 학교에서 거의 가르치지 않는다. 그러나 음악을 사랑하는 사람이 많기 때문에 사교육을 통해서 배우고 있다. 이런 지역에서 피아노나 기타, 다른 악기를 가르치는 것은 효과적인 접근 수단이 된다. 이런 교육은 주로 교회에서 하기 때문에, 음악을 배우려는 사람을 자연스럽게 교회로 이끌 수 있다.

그밖에도 교회에서 음악 관련 프로그램을 맡을 수도 있다. 성가대를 조직해서 훈련하거나, 찬양 팀을 만들어 예배를 인도하도록 가르칠 수도 있다. 이런 사역은 교회에 있는 모든 프로그램을 풍성하게 한다. 선교지에 있는 작은 신학교에서 음악에 재능이 있는 선교사에게 과목을 맡아달라고 부탁하는 경우도 있다.

교수 사역

박사 학위를 가지고 있거나 한국에서 교수생활을 한 사람은 선교지에 있는 대학에서 교수 사역을 할 수 있다. 선교지에 있는 사람의 추천을 받아 현지 대학에서 강의를 맡을 수도 있다. 한국어에 대한 요구가 점차 증가하고, IT나 컴퓨터 관련 기술에 대한 관심이 높아지고 있기 때문이다. 물론 이밖에도 다양한 과목을 가르칠 수 있다. 교수 사역을 하게 되면 우선 안정된 신분을 유지할 수 있고, 대학에서 많은 젊은이와 접촉할 수 있다는 장점이 있다.

이런 목적으로 처음부터 대학을 찾아가는 시니어 선교사도 있다. 특히 연변 과학기술 대학이나 몽골 국제대학 등은 한인 시니어 선교사를 교수로 임용하는 학교들이다. 이런 대학에서는 한국어로 강의할 수 있다. 부인 선교사는 도서관 업무나 행정 업무를 돕거나 영어 과목 같은 일반 과목을 강의할 수 있다.

교수 사역을 하는 시니어 선교사는 주로 학교 내 교수 숙소에서 생활하게 된다. 그런 점을 활용하여 학생들을 종종 집으로 초대해 함께 식사하고 교제하면서 기회가 되면 이들을 주님께로 인도하는 시니어 선교사도 있다. 시니어 선교사에게 가장 효과적인 사역이라고 할 수 있다.

기술학교 운영

선교지에는 대부분 직장을 얻을 만한 기술을 가지지 못한 가난한 사람이 많다. 이들을 위한 기술학교 운영은 좋은 접근 방법이다. 그중에서 쉽게 시작할 수 있는 것이 컴퓨터 교실이다. 컴퓨터 교육은 인기가 높아 쉽게 관심을 끌 수 있으며, 어떤 면에서는 가장 쉽게 운영할 수 있다. 그러나 컴퓨터처럼 화이트칼라가 사용하는 기술이 실제로 현지인들이 취업하는 데 얼마나 도움이 될지는 잘 살펴보아야 한다. 사실 선교지에서는 용접이나 배관, 페인트칠, 자동차 수리, 건축과 같은 직종이 취업에 더 유리하다. 하지만 이런 기술은 책상에 앉아 가르칠 수 있는 것이 아니기 때문에 더 넓은 장소, 다양한 장비와 재료 등이 필요하다. 만약 이런 블루칼라를 교육할 수 있는 여건이 된다면 더 실제적인 직업 교육을 할 수 있을 것이다.

지나치게 큰 규모로 기술학교를 운영하는 것은 권장하지 않는다. 수십 대의 컴퓨터를 설치해 놓으면 보기에는 화려하지만 선교 의미를 살리기는 어렵다. 선교사가 컴퓨터 소프트웨어에서 생기는 온갖 문제나 네트워크에서 일어나는 문제, 하드웨어 수리 등에 매달리다 보면 선교의 참된 의미를 잃기 쉽기 때문이다. 학생들과 인간적으로 접촉할 수 있는 면을 넓혀줄 만한 규모가 적당하다.

사람의 마음을 여는 것은 유창한 말이 아니라 미소와 태도, 정성이다. 컴퓨터 교육에만 치우치지 말고, 현지 학생들과 차를 마시거나 식사하는 시간을 가지라. 그런 시간을 통해서도 현지인들을 도와줄 수 있다. 너무 성급하게 전도하려고만 들면 안 되겠지만, 그렇다고 해서 너무 여유를 부려서도 안 된다. 경험 있는 선교사의 조언을 토대로 적절하게 접근하는 것이 좋다. 어느 정도 마음이 열린 학생이 있지만 언어 장벽이 느껴질 때는, 자유롭게 의사소통을 할 수 있는 전임 선교사를 그 학생에게 소개할 수도 있다.

영어 학원

영어에 대한 관심과 인기는 선교지에서도 대단하다. 물론 우리가 영어에 능숙하다 해도 동양인으로서 학생을 모집하기에는 어려움이 있다. 그래서 주로 학년이 낮은 학생들을 대하게 된다. 영어 학원은 서로 말을 하는 장소이기 때문에 좀 더 자연스럽게 선교적인 접근을 할 수 있다.

한국어 학교

한국어에 대한 수요가 점차 늘어나고 있다. 한국 제품이 인기를 끌면서 한국 기업체가 세워지는 곳에는 자연스레 한국어에 대한 수요가 생기기 때문이다. 한국어 강의를 하려면 자격증이 있어야 한다. 특히 한국어를 공부하려는 학생들은 한국인과 좀 더 많이 접촉하길 원하므로 아주 좋은 전도 도구가 될 수 있다.

소액 대출 사업

소액 대출 사업(micro enterprise)은 최근 창시자가 노벨상을 받으면서 많이 알려졌지만, 사실 선교사들이 이미 오래전부터 사용해 온 선교 방법이다. 소액 대출 사업이란 가난한 사람에게 소액을 신용대출 해주고 이를 관리하는 것이다. 주로 200-500불(20-50만 원) 정도로 적은 금액을 신용대출 해준다. 한국 기준에서 보면 적은 돈이지만 가난한 지역에서는 새로운 일을 시작할 수 있는 종자돈이다. 이 돈만 있으면 구멍가게를 열 수도 있고, 가축을 구입해서 키울 수도 있다.

　이 사업은 돈을 빌려주는 데서 그치지 않는다. 돈을 빌려주는 조건으로 지속적인 교육 프로그램에 참여하겠다는 약속을 받고, 대출금으로 운영할 사업에 대해 기술적인 조언이나 평가를 해주기도 한다. 새로운 시작을 격려하거나 문제를 해결해 주며, 실패할 경우에는 원인을 분석해 준다. 이런 과정을 통해 운영자(선교사)와 대출자는 자주 접촉하게 되는데, 이런 접촉은 복음을 전할 수 있는 귀한 기회를 제공한다. 더군다나 자신의 생계를 도와주는 사람이기 때문에 더 쉽게 마음을 연다. 이런 사업을 운영하려면 조력자가 필요하다. 때론 전문가가 함께해야 하기 때문에 발이 넓은 사람에게 적절하다.

이런 소액 대출을 통해 성공적으로 자리를 잡은 사람은 전도의 중요한 핵이 될 수 있다. 중앙아시아에서 관찰한 바에 따르면 생각보다 대출금 상환률이 높으며, 소액 대출로 성공한 사람이 많다. 국제적인 조직이 마련되어 있으므로 필요한 조언과 사례를 충분히 얻을 수 있다.

NGO

비정부 기구(NGO, Non Governmental Organization)는 선교사가 사용하는 대표적인 플랫폼 사역이다. '비정부 기구'라는 말은 정부 기구와 민간 기구를 구분하기 위해 국제 연합에서 민간 기구를 비정부 기구라고 부른 데서 비롯되었다. 오늘날은 민간 기구라는 뜻보다는 비영리적인 목적으로 인권, 환경, 빈곤 추방, 부패 방지, 경제 회생, 의료 봉사, 지역 발전 등을 지원하는, 세계 여러 종교 단체를 비롯한 민간단체를 조직한 기관을 일컫는다.

NGO는 총체적 선교라는 목적에도 부합하고, 선교 활동을 금지하는 국가에서도 NGO 활동은 대부분 허락하거나 환영하며,

NGO를 통해 선교사가 신분을 보장받을 수 있기 때문에 많이 활용된다. 그러나 NGO를 운영하려면 어느 정도 전문성이 필요하다. 재정 관리를 포함해서 현지 직원 관리, 경영, 전문 기술, 대민 관계 등의 경험이 필요하기 때문에 사회 경험이 풍부한 시니어 선교사가 참여하기에 적합한 사역이다.

원칙적으로 NGO는 선교 활동을 할 수 없다. 대부분 국가가 허락하는 활동범위 안에서만 그 기능을 발휘하도록 제한하기 때문이다. 그러나 이런 NGO를 플랫폼으로 사용하여 현지인과 폭넓게 접촉하고, 전도 기회를 잡아 이들을 사역에 연결하는 역할은 충분히 감당할 수 있다. NGO에 종사하는 사람도 개인적으로는 얼마든지 전도와 양육을 할 수 있다. 현재 선교지에서 많이 운영되는 NGO 활동으로는 지역사회 개발, 지역사회 보건 교육(CHE, Community Health Education), 기술 교육, 기아 대책, 구제, 의료, 교육 지원, 환경, 문화교류 등이 있다.

SM6

한국인의 평균 건강수명이 68.6세임을 고려한다면 60대에도 충분히 시니어 선교사로 활동할 수 있다. 오히려 장기적으로는 SM6가 시니어 선교사의 핵심 영역으로 등장할 가능성이 높다.

SM5와 비교해 볼 때 SM6는 일반 전임 선교사의 특성보다는 시니어라는 특성이 좀 더 강조되어야 한다. 이런 특성은 사역 종류나 체류 형태 등에서 두드러지게 나타난다. SM5는 일반 선교사처럼 선교지에 상시 체류하는 것이 일반적이지만, SM6는 형편에 따라서 상시 체류할 것인지 일시 체류할 것인지를 선택하는 것이 좋다. 일시 체류란, 선교지에 일 년 내내 체류하는 것이 아니라 한국에 거주지를 두고 필요할 때마다 선교지를 방문해서 일정 기간 동안 사역을 한 뒤 귀국하는 체류 형식을 말한다. 즉 3개월 또는 6개월 동안 도와야 할 사역을 지원하고 귀국했다가 다른 사역이 생기면 다시 선교지를 방문하는 식으로 사역을 반복하는 것이다.

이런 일시 체류 형태의 사역은 시니어 선교사가 현지 적응 기간에 느끼는 어려움을 줄여줄 뿐 아니라, 현지에 있는 전임 선교사와 팀워크를 조절하는 데에도 유리하다. 물론 건강하고 활발하게 움직일 수 있다면 SM6도 상시 체류하면서 사역을 감당할 수 있다. 상시 체류할 수 있는 SM6는 SM5가 담당할 수 있는 사역에 대부분 동일하게 참여할 수 있다. 그러나 일시 체류하는 SM6는 일반적으로 사역 전반을 감당하기보다는 특화한 영역을 담당하는 것이 적절하다. 이런 영역의 사역을 감당하기 원하는 SM6는 반드시 전문 영역 훈련을 받아야 한다.

상시 체류를 할 것인지, 일시 체류를 할 것인지는 선교지를 방문하여 상황을 잘 살펴본 뒤 부부가 함께 의논해서 결정하는 것이 좋다. 일시 체류로 시작해서 사역이 진전되는 것에 따라 상시 체류로 전환하는 것도 좋은 방법이다. 특화한 영역의 사역을 계획할 때에도 선교지에 필요한 부분을 잘 분석하고 결정해야 한다. 일시 체류하며 특화한 사역을 하려면 사역하는 동안 통역을 도와줄 현지인이 필요할 것이다. 앞서 소개한 사역 말고도 특화한 사역으로는 다음과 같은 것이 있다.

전도 훈련

교회가 성장하고 있는 선교지에서는 해마다 1-2회 정도 전도 훈련을 담당해 줄 사람이 필요하다. 이때 하는 전도 훈련은 장기 프로그램으로 운영된다. 이를 감당할 사람은 한국에서 '연쇄 전도 훈련'이나 '전도 폭발'과 같은 프로그램을 수료한 훈련 담당자 수준이어야 한다. SM6는 전도 훈련이 필요한 선교지에 4개월 정도 체류하면서 전도 훈련을 준비하고 진행하는 사역을 담당할 수 있다.

전도 훈련 프로그램은 일주일에 한 번, 2-3시간 정도 교육하고 전도에 동참하도록 하는 것 말고도 많은 수고와 시간이 필요하다. 그러므로 다른 사역을 병행해야 하는 일반 선교사보다는 전도 훈련만을 위해 파송된 시니어 선교사가 전담하는 것이 효과적이다. 교재를 준비하고 전도 대상자를 살펴보는 작업을 거쳐 각종 보고서 관리, 전도 이후 조치도 맡아주어야 한다. 전도를 하러 나가기 위해 동참할 사람들을 미리 준비시키는 사역과 더불어 기도로 지원하는 사역도 맡아야 한다.

양육과 교육 프로그램

그리스도인이 성장하는 지역에 일정 기간 동안 머물며 양육이나 교육 프로그램을 담당할 수 있다. 특화된 기존 프로그램을 선교지에서 운영하는 방식이 좋다. 예를 들면 「하나님을 경험하는 삶」(요단 펴냄)으로 교육한다든지, 성경 통독 훈련을 담당한다든지, 일정 기간 동안 「목적이 이끄는 삶」(디모데 펴냄)으로 훈련한다든지 할 수 있다. 그러기 위해서는 시니어 선교사 자신이 이런 영역에 전문 자격을 갖추어야 한다.

건축 프로그램

여러 선교지에서 교회나 교회 관련 시설을 건축하고 있다. 건축을 하려면 엄청난 시간과 에너지를 소모하게 된다. 특히 건축 관련 경험이 없는 선교사는 열심과 헌신으로 뛰어들어도 효율성이 별로 없다. 건축에 경험이 많은 시니어 선교사가 있다면 건축이 필요한 지역에 일정 기간 동안 파견되어 건축 과정 전체를 감독하는 사역을 할 수 있다. 아마 이런 전문 기능은 현지 선교사가 크게 환영할 것이다. 실제로 여러 곳에서 이런 도움을 요청하고 있다.

의료 봉사

최근에는 대형 병원을 설립하는 것보다 작은 규모의 클리닉을 운영하는 방향으로 의료 선교가 옮겨가고 있다. 대형 병원은 설립하는 데 드는 비용도 엄청나지만 이를 운영하는 경비가 만만치 않기 때문이다. 또 일정 기간이 지나면 선교 단체의 관리를 벗어나고자 하기 때문에 선교 단체들은 대형 병원에 투자하기를 꺼린다. 게다가 현지인과 접촉하는 데는 작은 규모의 클리닉이 더 효과적이다. 그러나 클리닉은 의사를 보유하기 어렵기 때문에 의사 자격이 있는 시니어 선교사가 클리닉을 섬긴다면 좋은 사역이 될 것이다.

의료 선교가 절실히 필요한 곳은 대부분 극히 낙후된 지역이기 때문에 나이 든 선교사가 일 년 내내 체류하기는 어려울 것이다. 따라서 3-6개월 동안 섬기다가 귀국하고, 일정 기간이 지나면 다시 방문하는 형식이 효과적이다. 선교지에 이런 시니어 선교사가 2-3명만 있어도 클리닉을 일 년 내내 운영할 수 있다. 특히 침술에 능한 한의사는 현대 의료 시설이 부족한 지역에 효과적이다. 의료 선교사는 현지인에게 존경받고 권위를 인정받기 때문에 훌륭한 선교 통로로 활용될 수 있다.

인터넷이나 홈페이지 작업 지원

최근에는 인터넷을 통한 사역을 시도하는 선교사가 많아지고 있다. 주로 선교 활동이 제한된 국가에서 사역하는 선교사들이 홈페이지를 개설하여 기독교 자료에 접근할 수 있게 하고, 관심을 보이는 사람에게 통신이나 인터넷을 통해 자료를 공급하며 기본적인 전도 활동을 하고 있다. 이런 접근으로 생각보다 많은 사람을 만날 수 있다. 그러나 인터넷 작업이나 홈페이지 운영을 하려면 많은 시간이 필요하고, 때로는 전문 기술을 요하기도 한다.

이런 분야에서 활동한 경험이 있는 시니어 선교사는 일정 기간 동안 선교지에 머물며 인터넷 시스템을 구축해 주고 홈페이지를 만들어줄 수 있다. 경험이 없더라도 이런 분야에서 돕고 싶은 선교사는 한국에서 6-12개월 정도 전문적인 교육을 거쳐 자격을 갖춘 뒤에 선교지를 순회 방문하며 이 사역을 담당할 수 있다. 이 사역은 실제로 선교사에게 커다란 도움이 되는 동시에 선교 제한 지역에서 효과적인 접근 수단이 되고 있다.

컴퓨터 교사

최근 많은 선교사가 선교지에 컴퓨터 학교를 개설하고 있다. 가장 쉽게 접근할 수 있는 방법이기 때문이다. 그러나 컴퓨터를 가르칠 수 있는 교사를 확보하는 것이 늘 문제다. 한국인의 컴퓨터 사용 능력은 상당히 높다. 어느 정도 컴퓨터 전문 지식이 있는 시니어 선교사는 상시 체류도 가능하지만, 일시 체류 형식으로 선교지를 방문하여 컴퓨터 학교를 지원할 수도 있다. 현지 선교사는 일정 기간 동안 방문하는 시니어 선교사의 일정에 맞추어 과목을 개설하고 이를 통해 전도 대상자를 얻을 수 있다.

이런 사역을 하고 싶지만 컴퓨터 전문 지식이 없다면 한국에서 교육을 받으면 된다. 고도로 전문적인 기술은 아니지만, MS Office 국제자격증만 있다면 어디서든지 컴퓨터 교사로 사역할 수 있다. 웹 디자인이나 홈페이지를 제작할 수 있는 수준이라면 고급 학교를 지원할 수도 있다.

단기 음악 프로그램

선교지에서 일정 기간 동안 음악 프로그램을 개설하여 교육할 수 있다. 무료거나 수강료가 저렴하다면 많은 사람이 음악 프로그램에 관심을 보이고 자녀를 보내기 때문에 단기 음악 프로그램은 선교 사역의 플랫폼을 넓히는 데 효과적이다. 피아노나 관현악기, 성악 등 클래식한 음악은 물론 젊은이들이 관심을 보이는 키보드나 기타, 재즈 피아노, 반주와 같은 대중음악을 가르치는 것도 좋은 방법이다.

단기 스포츠 프로그램

스포츠는 모든 나라에서 사랑받는 분야다. 현지인에게 접근하기 위해 테니스 교실, 축구 교실, 농구 학교, 태권도 학교, 탁구 교실, 어린이 야구 클럽 등을 운영하는 선교사도 있다. 시니어 선교사 가운데 스포츠 분야에 전문적인 경험이 있는 사람은 일정 기간 선교지에서 이런 프로그램을 운영하면서 현지인을 모아 선교적으로 접근할 수 있다.

SM7

SM7은 고도의 전문성이 필요한 일시 체류 프로그램으로 사역할 것을 권한다. 70대에 선교지로 나가는 것은 체력적인 한계가 있으며, 이들에게는 문화충격을 극복하고 순발력 있게 현지 문화에 대응해야 하는 사역이 쉽지 않기 때문이다. 그러므로 일반 사역을 돕기 위해 가는 것은 비효과적일 때가 많다.

  70대에 선교지로 갈 수 있는 시니어 선교사는 고도의 전문 기능을 가진 사람으로 제한된다. 일반적으로 의사나 교수, 전문 기술자, 건축사, 음악인, 목회자 등이다. 대부분 일시적인 프로그램을 운영하거나 자문 등을 맡는다면 효과적으로 사역을 감당할 수 있다.

  SM7은 현지 선교사와 사역에 대하여 충분히 의논한 후에 출국해야 한다. 충분히 의논하지도 않고 현지에 도착한다면, 서로 적응하는 과정에서 갈등을 겪을 수도 있다.

  외국 선교사 가운데에는 70대에도 건강하게 사역을 지원하는 사람이 많다. 우리도 이런 좋은 사례를 만들어 SM7의 사역 영역을 넓혀 가야 할 것이다.

선교지에서 사업체를 운영하는 방안

오래전부터 비즈니스 선교라는 용어가 사용되어왔다. 선교지에서 운영하는 사업체를 통해 선교에 참여하는 형태다. 그러나 성공한 사례보다는 부정적인 사례가 더 많았다. 두 마리 토끼를 잡으려고 하다 보니 한 마리도 제대로 잡기 어려웠던 것이다.

비즈니스 선교가 한국에 소개된 것은 1990년대 초반이다. 그러나 지금은 그 당시와 비교해서 상황이 많이 바뀌었다. 1990년대 초반만 해도 한국의 국제화 지수는 굉장히 낮은 편이었다. 88 올림픽을 통해 국제무대에 한국이라는 이름이 알려지기 시작하였지만, 국제화 경험은 매우 부족했다. 신뢰도나 기술 측면에서도 대기업이 아니고서는 생존하기 어려운 상황이었다. 외국에서 현대 자동차나 국산 가전제품을 발견하면 모두 감격하던 시절이었다.

그러나 15년이 넘는 기간 동안 상황이 완전히 바뀌었다. 세계 어느 도시를 가도 SAMSUNG, HYUNDAE, LG, DAEWOO 등 각종 한국 기업 로고를 발견할 수 있다. 외국 거리를 달리는 국산 자동차를 보고 "한국 차다!"라며 환호성을 지르는 것은 촌스러운 일이 되었다. 반도체, 디스플레이 장치, 백색가전, 자동차, 조선, 핸드폰, 타이어, 에어컨, MP3, 의류 등 수많은 한국 제품이 전 세계를 누비고 있다.

얼마 전 터키를 방문한 적이 있다. 터키에 도착하여 시내로 들어가는 택시를 탔다. 나이가 지긋한 택시 기사가 내게 어느 나라에서 왔냐고 조심스럽게 묻기에 한국에서 왔다고 대답하자 그는 즉시 엄지손가락을 치켜세우면서 좋아했다. 한국전쟁 때 터키가 한국을 도와주어서 고맙게 생각하고 있다고 말하자, 그는 자기 아들이 한국 회사에 다니고 있으며 한국 자동차를 타고 다닌다고 자랑스럽게 말했다. 그리고 서투른 발음으로 "이을용"이라는 축구 선수 이름을 대면서 한국인에 대한 친근감을 나타냈다.

한국은 작은 나라이기 때문에 국민소득이나 기술수준이 낮은 중국이나 인도보다 덜 인식되고 있지만, 이전과는 비교할 수 없을 정도로 국제적 인지도가 높아진 것은 분명하다. 경쟁력 있는 상품을 전 세계에 판매하면서 다양한 비즈니스 기회를 얻을 수 있게 되었다. 게다가 세계화 추세 때문에 국제 장벽이 낮아지고 외국인이 현지에서 비즈니스를 시도하는 것도 훨씬 쉬워졌다. 현재 해외에 거류하는 한국인은 700만 명에 육박하며, 10년 안에 1,300만 명을 넘어설 것이라고 한다. 이는 한국인이 외국에서 다양한 비즈니스로 생업을 해결할 수 있다는 사실을 입증한다. 특히 1990년대와는 달리 중소기업체에서 파견되거나 직접 중소기업을 운영하는 해외 한국인이 많아졌다는 것은 긍정적인 요인이다.

이런 상황을 살펴볼 때, 이제 본격적으로 비즈니스 선교를 할 수 있는 시대가 열리고 있다는 생각이 든다. 시니어 선교사가 적극적으로 비즈니스 선교를 생각해 볼 만한 시기가 된 것이다. 은퇴 뒤, 선교지로 나가 시니어 선교사로서 나름의 경험을 살린 비즈니스를 적절한 규모로 시작해 본다면 좋은 접근 방법이 될 것이다. 비즈니스 선교는 자비량을 가능케 해줄 뿐더러 선교지에서 좋은 플랫폼을 제공할 수 있다.

비즈니스 선교사가 교회 개척을 지향하는 전임 선교사와 손을 잡고 팀을 이룬다면, 접근 제한 지역에서 가장 이상적인 선교 모델이 될 것이다. 특히 선교사의 입국과 활동을 극도로 제한하는 이슬람권에서는 이런 접근을 적극 권할 만하다. 선교 활동이 극도로 제한된 국가에서 오랫동안 사역을 해온 어느 선임 선교사가 한국 교회를 향하여 조심스럽게 이런 말을 한 적이 있다. "이런 상황에 있는 나라에 플랫폼을 세울 준비도 하지 않은 채 신학교만 졸업한 목회자 선교사를 고집스럽게 보내는 한국 교회를 이해할 수 없다." 신학교 교수인 필자도 현지 상황을 자세히 살펴보고 난 뒤로는 이 선교사와 같은 생각을 하게 되었다.

이제 선교에서 마지막으로 도전해야 할 지역은 핵심 이슬람 지역과 핵심 힌두교 지역이다. 지금까지 선교 부흥은 이런 핵심 종교 지역이 아닌 곳에서 주로 일어났다. 그러나 21세기에는 세계 선교를 끝마치기 위해 이런 핵심 지역을 돌파해야만 한다. 이런 지역에서는 플랫폼을 세우는 사역과 교회 개척 사역이 철저하게 팀으로 병행되어야 한다. 특별히 오늘날 한국 교회가 이 부분을 감당하도록 하나님이 여러 가지를 준비하신 것을 발견할 수 있다. 이 사역에 시니어 선교사가 중요한 자원으로 참여해야 한다.

사업 경험이 없는 필자는 비즈니스에 대해서 충고할 만한 처지가 못 된다. 선교지에 사는 한인이나 현지 선임 선교사와 의논해 보면 생각보다 많은 사업 기회를 발견할 수 있다고 한다. 갑자기 세계화가 새로운 국제 질서 체계로 자리를 잡으면서 개방에 소극적이던 나라도 자의반 타의반 개방적인 세계 질서에 동참하고 있다. 이런 상황에서는 의외로 많은 틈새시장을 찾을 수 있다. 이미 1990년대 이전에 남미에 진출한 한인들은 현지에 사업 기회가 굉장히 많다는 말을 여러 차례 해왔다. 이제는 터키, 인도, 중국, 몽골, 베트남, 캄보디아, 나아가 중동, 동유럽, 동남아시아, 중앙아시아, 아프리카에서도 이런 기회를 찾아볼 수 있다.

이런 지역에서 비즈니스를 운영하는 시니어 선교사로서 두 번째 인생을 보낼 수 있다. 다만 비즈니스를 운영할 경우에는 시니어 선교사 혼자서 사역하기는 어렵다는 사실을 인정해야 한다. 비즈니스를 운영하려면 개인 시간의 70-80% 이상을 비즈니스에 투자해야 한다. 사역에는 20-30% 정도밖에 투자할 수 없다. 그러므로 교회 개척을 꿈꾸는 전문 사역자와 팀을 이루어 접근하는 것이 지혜로운 전략이다. 이런 팀을 만들 때는 선교부에 있는 전문가나 현지 선임 선교사에게 조언을 구하고, 팀을 이루고 나서도 서로 한계와 책임 분담을 명확하게 정해야 한다. 그렇지 않은 팀 접근 방식은 많은 갈등을 불러일으킬 수 있다. 한국 교회는 그동안 선교지에서 이런 갈등을 충분히 경험해 왔으므로 적절한 조언자들에게 미리 이런 시행착오에 대한 교훈을 듣고 사역을 시작하면 좋을 것이다. 비즈니스 접근은 시니어 선교사에게 중요한 영역임이 분명하다. 좀 더 구체적인 사례는 다음 장에서 소개하겠다.

목회자의 두 번째 인생, 시니어 선교사

충분한 목회 경험이 있는 사람은 선교사로 사역하기에 좋은 자원이다. 한국에서 목회자로 오랜 세월을 보낸 사람에게 있어서 두 번째 인생을 선교지에서 보낸다는 것은 또 다른 사역을 할 수 있는 좋은 기회다.

최근 1세대 목회자와 이를 잇는 2세대 사역자 간에 갈등을 겪는 한국 교회를 종종 보게 된다. 대부분 1세대 목회자가 적절한 시기에 은퇴하지 않으면서 일어나는 갈등이다. 1세대 목회자에게도 충분한 이유가 있다. 앞에서 언급했듯이 요즈음에는 65-70세가 그렇게 노쇠한 연령이 아니다. 경제적인 문제는 차치하더라도 은퇴 연령에 이른 1세대 목회자는 평생 목회를 통해 터득한 목회 경험이나 신앙 경륜이 최고조에 이르렀기 때문에 얼마든지 교회를 더 잘 섬길 수 있다고 생각한다. 게다가 목회에서 오랜 경륜은 절대적으로 중요한 가치를 지닌다. 스스로 이렇게 여기고 있는데, 단지 사회적·대중적 압력으로 은퇴해야 한다고 생각하니 섭섭한 것이다. 이런 사람에게 시니어 선교사를 적극적으로 권한다.

사역자는 언제든지 뒷사람이 자신을 밟고 지나가 더 높은 곳으로 나아가도록 도와줘야 한다. 목회자에게 가장 영광스러운 열매는 자기보다 더 훌륭한 후배 목사에게 교회를 넘겨주는 것이다. 너무 늦기 전에 이런 과정을 거치고 난 후 자신의 경험과 경륜을 필요로 하는 선교지로 눈을 돌린다면 훌륭한 본이 될 것이다. 은퇴한 목회자는 가장 훌륭한 시니어 선교사 자원이다.

시니어 선교사로서 두 번째 인생을 보내려는 목회자는 적어도 SM6에 시작해야 한다. SM7도 종종 있는데, 이들은 좀 더 일찍 두 번째 인생을 시작했으면 좋았을 거라며 후회한다.

목회자는 다른 시니어 선교사와 달리 플랫폼을 유지하는 사역보다 좀 더 직접적인 사역에 참여하는 것이 좋다. 다른 시니어 선교사와 마찬가지로 언어에 제약이 있긴 하지만 직접 사역에 참여할 기회는 얼마든지 있다. 자급자족하기 어려운 지역에서 한인 교회를 섬기는 것도 좋은 사역이다. 은퇴한 이후에도 생활비를 공급받을 수 있다면 한인 사역을 하면서 젊은 후배 선교사를 격려하고, 영적으로 공급해 주며, 관계에서 생기는 문제를 풀어줄 수 있다.

선교지에 있는 신학교 사역을 지원할 수도 있다. 어느 정도 언어를 습득할 수 있거나 통역사를 구할 수 있다면 신학생을 훈련하는 데 직접 참여할 수 있다. 또는 신학교 운영을 도와주거나 영적인 부분에서 신학생들을 관리해 줄 수도 있다.

전문적으로 선교지를 순회하면서 선교사가 겪는 문제를 상담하거나 목회적인 부분을 지원해 줄 수 있다. 선교사들은 대부분 경륜이 많고 존경받는 목회자가 이런 역할을 해주길 갈구하고 있다. 다만 이 사역을 감당하기 위해서는 선교지 상황과 선교사가 가진 문제에 대해 전문적인 경험이 있거나, 특정 교육과 훈련 과정을 이수해야 한다. 특히 문화 차이나 선교지에서 주로 발생하는 관계 문제가 갖는 독특한 원인 등을 충분히 이해할 수 있어야 한다. 또 영적인 면에서 선교사에게 필요한 것이 무엇인지를 잘 이해해야 한다. 이런 준비 없이 한국에서 목회하던 식으로 설교하고 기도해 주려는 시니어 선교사는 선교사들에게 환영받지 못한다.

MK(Missionary Kid) 학교의 돔 페어런트(dorm parent)로 섬길 수도 있다. MK는 잠재적으로 가장 좋은 선교사 자원이다. 이들을 영적으로 키우고 지원하는 것은 가치 있는 사역이다.

또한 문서 사역을 지원할 수도 있다. 대부분의 선교지는 교회 개척을 지원해 줄 문서 사역이 낙후하다. 한국에서 문서 사역을 해본 경험이 있는 목회자가 이런 필요를 채워줄 수 있다.

타문화를 충분히 이해하고 있다면 순회 설교자 역할을 감당할 수 있다. 단, 문화가 다른 곳에서 전하는 설교가 얼마나 어려운지를 충분히 이해하고, 대상 사역지의 회중에게 적절한 메시지를 전할 준비가 되었을 때에만 가능하다. 한국에서 목회할 때 회중이 큰 은혜를 받은 메시지일지라도 문화가 다른 선교지에서는 대부분 실패한다는 사실을 염두에 두어야 한다. 그러나 이런 한계를 극복할 수 있을 만큼 철저하게 준비된 설교자는 선교지에서도 현지인을 대상으로 수련회나 부흥회를 잘 이끌 수 있다.

목회자도 두 번째 인생을 준비해야 하는 시대가 되었다. 한국에서 볼 때에는 자신이 쌓아온 경험이 시대적으로 앞서지 못했다고 느낄지라도 선교지에서는 유용할 수 있다. 목회자도 40-50대에는 두 번째 인생을 준비해야 한다. 그중에서도 시니어 선교사는 가장 좋은 선택이다.

목회자 출신의 시니어 선교사가 조심해야 할 것이 있다. 앞에서 언급한 약점인 완고함이나 고집, 그리고 경륜이 인정받지 못할 때 쉽게 느끼는 노여움 등을 스스로 충분히 인지하고 준비해야만 현지에서 좋은 팀워크를 이룰 수 있다는 점이다. 목회자 출신의 시니어 선교사가 해야 할 역할은 젊은 선교사를 격려하여 흥하게 하는 것이지, 자신의 존재를 드러내는 것이 아님을 늘 명심해야 한다. 이런 준비를 갖추었다면 어디서든지 환영과 존경을 받을 수 있을 것이다.

7장
시니어 선교사 사역 사례

이제 좀 더 구체적인 그림을 그려볼 수 있도록 실제로 진행되고 있는 시니어 선교사의 사역 사례를 살펴보겠다. 아직까지는 시니어 선교사라는 이름으로 구분된 사역이 많지 않으므로 내용상 시니어 선교사가 감당하기에 적절한 사례를 모아보았다. 두 번째 인생에 대해 우리보다 앞서 움직인 미주 한인의 사례가 많지만 조만간 우리 모습이 되리라는 생각으로 함께 소개하고자 한다. 선교지라는 예민한 상황 때문에 선교지와 선교사 이름은 밝히지 않는다. 하지만 여기에 소개한 사례는 모두 실제로 진행되고 있는 사역이다.

선교 코디네이터 사역

중남미의 A국에서 시니어 선교사로 사역하고 있는 O 선교사는 SM6에 해당한다. O 선교사는 항공정비 엔지니어 기술을 가지고 오래전에 한국을 떠나 베트남과 중동을 거쳐 미국에 정착했다. 미국에서는 10년 동안 출판회사에서 근무하였다. 한인 교회 안수집사로 20년 동안 교회를 섬기면서 다양한 사역을 경험하였다. 제자훈련 파트 사역을 하기도 하고, 교회 학교와 남선교회 등에서도 적극적으로 활동하였다. 교회가 선교 사역을 넓혀가면서 50대 후반부터는 중남미 단기 선교 활동에 적극적으로 참여하였다. 스무 번 넘게 선교 여행을 다니는 동안 그 땅의 영혼들에게 친밀감을 느낀 O 선교사는 결국 두 번째 인생을 시니어 선교사로 드리겠다는 마음을 품게 되었다.

시니어 선교사 사역을 위해 가까운 신학교에서 틈틈이 여러 과목을 이수하였다. 섬기던 교회에도 다양한 훈련 과목이 있었는데 그중에 선교 관련 과목도 있었다. 이런 기회를 이용하여 선교학, 선교 전략 등을 이수하였다. 은퇴한 뒤 어떤 사역을 할지 구체적으로 계획을 세우고, 담임목사님과 신앙 동료, 직장 동료에게 자신의 비전을 일찌감치 알렸다. 장성한 자녀들은 직장생활을 하거나 대학 마지막 학기를 다니고 있었다. 자녀들에게도 선교사의 비전을 나누고 이해를 구했다.

마침내 은퇴할 나이가 되자 교회에서도 그를 시니어 선교사로 파송할 준비를 시작했다. 교회 시취위원들이 선교사 시취를 하고 파송을 결정하였다. 직장에서는 그의 은퇴식을 파송예배로 준비해 주었다. 구체적인 준비를 위해 한국에 와서 소속 교단 선교부에서 제공하는 7주 과정 선교사 훈련 프로그램을 수료하였다. 이 프로그램은 2-3년 동안 단기로 파송되는 선교사를 위한 훈련이다. 시니어 선교사를 위해 따로 마련한 과정은 아니었지만 선교 전반에 대한 방향성, 불필요한 시행착오를 줄이는 문제, 문제해결 능력 등을 중심으로 한 내용을 실제적으로 다루었다. 훈련을 수료한 이후 미국으로 다시 돌아간 O 선교사는 소속된 한인 교단 선교부에서 정식 선교사로 시취 받고 파송예배를 드렸다. 파송될 때 O 선교사는 61세, 부인은 59세였다.

생활에 필요한 재정은 기본적으로 은퇴 연금(매달 나오는 사회보장[Social Security])과, 네 자녀가 사역을 위해 보내주는 헌금이 큰 몫을 차지했다. 파송 교회에서는 주택비의 일부를 마련해 주었고, 협력 교회 세 곳에서 선교비를 보조했다.

여러 번 선교 여행을 다니면서 새로운 환경을 많이 접해 본 경험은 선교지에 도착하여 정착할 때 큰 도움이 되었다. 6개월 정도 스페인어를 공부하고 나서 충분한 실력은 아니었지만 혼자 선교지를 여행하면서 언어 실력을 키웠다. 그 덕에 현지인과 기본적인 대화를 할 수 있을 만큼 언어 실력이 늘었다. O 선교사는 그때를 돌이켜보며 언어 습득 기간을 좀 더 길게 잡았으면 좋았을 거라고 후회하기도 한다. 그러나 선교지에 들어가기 전부터 담당하기로 한 단기 선교 여행 팀 안내와 연결, 현지인과 동역하기로 한 약속 때문에, 또 어떤 면에서는 시니어 선교사로서 사역할 기간이 그리 길지 않을 거라는 조급함 때문에 언어 습득 기간을 더 길게 잡지 못했다.

O 선교사가 맡은 주된 사역은 선교 코디네이터(Mission Coordinator) 사역으로서 미국 한인 교회를 현지 교회에 연결하여 필요한 것을 공급할 수 있도록 돕는 일이다. A국으로 파견된 다양한 단기 선교 팀이 현지 교회를 지원할 수 있도록 도와주기도 한다. O 선교사가 맡은 중개 사역으로 인해 많은 한인 의료 선교 팀이 현지 교회에서 봉사할 수 있었다. 그리고 그 덕분에 현지 교회는 지역 사회에서 인정을 받았으며, 회심자를 늘리는 데에도 큰 도움이 되었다. 가족 단위로 선교지를 방문하여 봉사하려는 사람들을 현지 교회와 연결시켜주어 의미 있는 봉사를 할 수 있도록 도와주기도 한다. 특히 자신이 시니어 선교사이기 때문에 미국 한인 교회에 있는 시니어 세대를 격려하여 선교 활동에 동참하게 하는 일을 진행하고 있다. 이런 사역을 통해 시니어 선교사로 헌신하는 사람이 조금씩 생겨나게 되었다. 선교지에 있는 신학교에 재정을 지원하거나, 모교회와 함께 교수 요원을 연결하는 일도 하고 있다. 미자립 교회 목회자들을 격려하고 자매결연을 주선하는 사역도 담당하였다. 2년 전부터는 일대일로

사역자를 양육하고 있다.

사역을 시작한 지 6년째인 O 선교사는 지금 하고 있는 사역과 두 번째 인생을 대단히 만족스러워한다. 처음에는 자녀들과 떨어져 있는 것이 힘들었지만, 선교사로 섬기는 동안 두 자녀가 아름다운 배우자를 만나 결혼했고 하나님이 그 가정들을 축복하셨다고 고백한다. 또한 자녀들이 부모를 위해서 계속 중보기도하고 있다는 것은 큰 축복이라고 말한다. 모교회에서 틈틈이 이들을 방문하여 중보기도를 해주는 것도 선교지에서 누리는 큰 축복이라고 한다. 이 선교사 부부는 건강이 허락하는 한 이 사역을 계속하고 싶어한다.

시니어 선교사를 준비하며 기도하는 사람은 반드시 부부가 함께 사역에 참여해야 한다고 O 선교사는 조언한다. 가끔 나이 든 사람 가운데에는 여러 이유로 남편만 선교지로 오는 경우가 있다. 하지만 출국을 늦출지라도 부부가 함께 사역할 것을 권한다. 그리고 경제적인 준비를 완벽하게 마치지 못한 채 성급하게 오면 여러 면에서 비난을 받거나 생각지 못한 문제를 당할 수 있다. 현지에 있는 다른 사역자들에게 부담스러운 존재가 되지 않도록 경제적인 준비를 비롯한 다른 준비에 철저하길 바란다.

지역 사회 개발 사역

중앙아시아의 B국에서 섬기고 있는 P 선교사는 SM5에 해당하는 시니어 선교사다. 이 선교사는 늦은 나이에 예수님을 믿은 뒤 인생이 완전히 바뀌었다. 그 후로 지금의 모교회에서 신앙을 키우며 섬기는 사역을 배워나갔다. 교회 봉사는 그에게 큰 기쁨이자, 주님의 성품을 자연스럽게 배울 수 있는 도구였다. 그가 섬기는 교회는 선교 비전을 품고 일찍부터 선교사를 파송하고 후원해왔다. 그리고 각 구역이 파송 선교사와 후원 선교사를 맡아서 연락하기도 하고, 선교사가 한국을 방문할 때는 그 선교사를 담당한 구역이 모든 필요를 지원하는 전통이 있었다. 이런 기회를 통해 P 선교사는 자연스럽게 다른 선교사들과 만날 수 있었다.

어느 해인가 안식년을 맞아 귀국한 한 선교사와 오랜 시간 교제하면서 선교 사역과 선교지에 대해 들을 기회가 있었다. 선교사의 이야기를 듣는 동안 P 선교사는 마음속으로 선교 사역을 하면 하나님의 은혜를 더 풍성하게 누릴 수 있을 것 같다고 생각했다. 선교지를 직접 방문하면서 그 생각을 구체적으로 확인할 수 있었고, 결국 두 번째 인생을 시니어 선교사로 드리겠다고 헌신하였다. 선교지를 방문할 때는 되도록 배우자와 함께 가서 배우자도 동일한 선교적 부담감을 느끼고 확인할 수 있어야 한다. 이런 과정이 있어야만 시니어 선교사로 두 번째 인생을 드리기로 헌신하였을 때, 배우자도 어렵지 않게 동의할 수 있다.

P 선교사는 과학 분야 국책 연구소에서 연구원으로 근무했다. 근무한 지 30년이 되었을 때, 자신이 명예퇴직을 할 수 있다는 것을 알게 되었다. 그때 그의 나이 54세, 아내는 52세였다. P 선교사는 두 번째 인생을 시작할 좋은 기회라고 생각하고 명예퇴직을 신청한 뒤 시니어 선교사가 되는 데 필요한 구체적인 준비를 시작하였다.

　　당시 그는 교회에서 선교위원장으로 섬기고 있었기 때문에 담임목사님이나 교회와 의논하는 일은 순조로웠다. 모교회에서 가장 많은 선교사를 파송한 지역을 선교지로 선택하고, 본격적인 선교사 훈련으로 소속 교단에서 운영하는 16주짜리 장기 선교사 훈련 과정을 수료하였다. 이 과정은 16주 동안 부부가 합숙하면서 공동체 환경에서 이루어지는 훈련이다. 젊은 선교사가 대부분인데다가 시니어 선교사에게 맞춘 훈련이 아니기 때문에 때로 거리감을 느끼기도 하였지만, 인내와 겸손으로 무사히 수료할 수 있었다. 훈련 과정은 선교사로서의 정체성과 사역의 큰 그림을 그리는 면에서 굉장히 유익하였다. 훈련 프로그램을 수료한 뒤 교단의 정식 선교사 시취 과정을 통과한 P 선교사는 드디어 선교사로 허입되었다. 그 당시에는 시니어 선교사라는 개념이 확립되지 않았기 때문에 나이 많은 평신도로서 선교지에 가는 문제와 관련하여 여러 질문을 받아야 했다.

　　P 선교사는 집과 퇴직금이 있기 때문에 별도로 후원금을 모

금하지 않을 생각이었다. 선교지 물가가 한국보다 싸니까 퇴직금으로 생활해도 넉넉하리라고 생각한 것이다. 그러나 후원금 모금은 단순한 재정 문제를 넘어 주님의 공급하심을 경험하는 단계라는 간증을 듣고 나서는 모금을 하기로 결정하였다. 평신도이기 때문에 모금하는 일이 상대적으로 어려웠지만, 기본적인 재산이 있었기 때문에 모금 활동에 크게 구애받지 않았다. 결과적으로 사역 경비는 후원금으로, 생활비는 개인 재정으로 충당하였다. 그중에서도 모교회의 지원이 가장 중요한 후원 자원이 되었다.

P 선교사는 선교지에 도착한 뒤 특별한 언어 과정을 거치지 않았기 때문에 현지어를 거의 못한다. 지금은 언어에 좀 더 우선순위를 두었어야 했다며 후회한다. 현지에 도착한 이후 어려웠던 점은 젊은 선교사와 팀을 이루는 문제였다. 선교사마다 맡은 사역을 감당하느라 바빴기 때문에 기대한 만큼 폭넓은 교제를 하기가 어려웠다. 하지만 P 선교사는 다양한 상황을 거치는 동안 젊은 선교사들에게 섭섭하게 느끼기보다는 인생의 선배로서 포용하는 태도를 가져야 한다는 것을 깨달았다.

선교지에서 어떤 사역을 할 수 있을지 살펴보던 그는 총체적 선교를 기반으로 하는 지역 개발 사역에 관심을 갖게 되었다. 처음에는 소액 신용대출을 통한 소자본 사업 지원으로 시작하였다. 이 일은 은행에서 대출받기 어려운 서민에게 적은 액수를 신용대출 해주어 소자본 사업을 시작하도록 도와주고 지속적으로 만나 훈련하는 방식이다. 우리에게 500-1,000달러는 작은 금액이지만, 이 금액조차 대출받지 못하는 서민에게는 소자본 사업을 시작하게 해줄 중요한 밑천이다. 소자본 신용대출 사업을 위해 P 선교사는 작은 회사를 설립하였다. 기본 자금은 한국에 있는 후원자나 지인에게서 모금하였다. 서민들에게 돈을 빌려줄 때에는 구멍가게를 열거나, 송아지나 새끼 돼지를 구입하여 키운 뒤 다시 파는 사업을 권장하였다.

P 선교사는 대출자들을 꾸준히 만나 조언을 해주기도 하고, 매달 일정한 시간에 교육 프로그램을 제공하기도 하면서 점차 관계를 넓혀나갔다. 필자도 현장을 방문해 보았는데, 마을 사람들이 스스럼없이 P 선교사에게 다가가 사업이 어떻게 진행되고 있는지 보여주고, 집으로 초대하여 이야기를 나누는 모습을 보면서 그가 넓은 접촉면을 확보했다는 것을 알 수 있었다. P 선교사는 현재 소자본 신용대출 사업에서 점차 사역을 확대하여 농업기술 훈련센터, 축산 학교 등 지역 개발과 관련된 사역을 하고 있다.

현지어를 할 수 없기 때문에 P 선교사는 한국어를 할 수 있는 현지인 직원을 고용하여 통역으로 삼고 있다. 쉽지는 않았지만, 고려인이 사는 지역이기 때문에 다행히도 신앙이 있는 직원을 고용할 수 있었다. 직원들이 사업에 숙달하도록 훈련하는 일도 중요한 사역이다.

P 선교사는 지역 개발 사업이야말로 평신도인 시니어 선교사가 감당하기에 적절한 사역이라고 평가한다. 훌륭한 플랫폼을 제공해 주며 단순한 선교 기반 말고도 총체적 선교 개념에 따라 실제로 지역 사회를 개발하고 발전시키는 데 중요한 공헌을 할 수 있기 때문이다. 특히 사회생활 경험이 풍부하다는 장점을 유감없이 발휘할 수 있다고 말한다. 5년째 사역을 감당하고 있는 P 선교사 부부는 자신들이 하는 사역을 대단히 만족스럽게 평가한다. 최근에는 P 선교사의 사역을 관심 있게 지켜본 한 직장 동료가 명예퇴직 후에 가족과 함께 선교지에 합류하기로 결정했다며, 좋은 동료를 얻었다고 기뻐하고 있다.

P 선교사는 시니어 선교사를 꿈꾸는 사람들에게 건강에 주의를 기울이라고 권면한다. 그리고 되도록 환경이 좋은 지역을 택하라고 조언한다. 사역하는 곳이나 의료시설과 가까우면서도 교통편이 편리한 곳을 주거지로 택하는 것이 좋다고 말한다. 그리고 언어 문제를 해결할 수 있는 지역을 택하는 것도 지혜로운 일이라고 한다. 시니어 선교사로서 사역하면서 두 번째 인생을 즐길 수 있는 특권을 모두에게 권한다고 전했다.

교회 개척 지원

동남아시아의 C국에서 섬기는 S 선교사는 군인 출신으로서 전역

후 시니어 선교사로 헌신한 SM5 선교사다. S 선교사는 육군사관학교를 졸업하고 35년 동안 장교로 지내면서 자신이 배치된 지역의 군인 교회를 집사로서 정성껏 섬겼다. 남들이 부러워하는 육군 요직에서 지내는 동안 장군이 될 수 있는 기회도 있었지만, 기도 가운데 두 번째 인생은 하나님의 일에 드리기로 결심하였다.

부사단장으로 근무하던 S 선교사는 전역을 결심하고 가까운 신학대학원에서 야간 과정을 졸업하였다. 육군 대령으로 전역한 후 목사 안수를 받고 한동안 모교회가 지원하는 지방 개척 교회를 섬기기도 하였다.

어떤 일로 하나님을 섬길지 기도하던 중 2002년 선교지 사역자 세미나를 인도하시는 목사님들을 돕기 위해 방문한 선교지에서 하나님의 분명한 부르심을 느꼈다. 귀국 후 선교사로 떠나기 위해 교단에서 요구하는 선교사 훈련 과정을 수료하고, 57세가 되던 해에 교단 소속 선교사로 C국에 파송되었다.

필요한 재정은 주로 전역 후 받게 된 군인 연금으로 충당하였고, 일부는 후원금을 모금하였다. 대학교에서 공부 중인 자녀들이 있었기 때문에 연금으로만 재정을 충당하는 것이 어려웠지만 다행히 여러 교회에서 후원을 받을 수 있었다.

선교지인 C국에 도착한 후 국립대학 언어 과정에 입학하여 6개월 정도 언어를 공부했고, 이후에도 꾸준히 개인 교습을 받으며 언어를 배우고 있다. 그러나 C국은 대체로 영어를 사용하기 때문에 영어에 능숙한 S 선교사가 의사소통하거나 사역을 하는 데에는 그리 힘들지 않았다. 한미 연합사령부나 외국 주재 대사관에서 무관생활을 하면서 익힌 영어가 큰 도움이 된 것이다. 하지만 한편으로 S 선교사는 영어로 소통할 수 있긴 해도 초기에 좀 더 현지어를 공부하지 못한 것이 후회된다고 한다.

C국은 한국보다 200여 년이나 긴 교회 역사를 가지고 있어서인지 이미 많은 교회와 신학교가 세워져 있고 현지 사역자도 비교적 많은 편이다. 하지만 대부분의 교회가 미약할 뿐 아니라 일부는 핍박을 받고 있다. 그래서 현지 신학생이나 사역자와 손잡고 사역을 보강하거나 지원하는 일에 집중하기로 하였다.

처음에는 어린이집을 운영하였다. 반 하나에 30명으로 시작했으나 이제는 반이 두 개로 늘어났고 어린이도 80명 가까이 된다. 사역이 안정 단계에 접어들면서부터는 현지 교회가 직접 운영하도록 어린이집을 넘겨주었다. 사역 초기부터 현지 신학생에게 장학금을 지원하는 일도 해왔다. 그러던 중 현지 미전도 종족인 B종족에 교회를 개척할 목적으로 B종족 출신 사역자 한 명과 동역을 시작하였다. 현지인 사역자가 주된 역할을 감당하고 S 선교사는 현지인을 보강하고 지원하는 식으로 동역하였는데, 이제는 이 교회에 모이는 성도가 40여 명이나 되고, 버젓한 건물을 가진 교회로 성장하였다. 최근에는 장학금을 지원받은 신학생들이 사역에 동참하면서 이들과 함께 M종족 안에 교회를 개척하는 일을 지원하고 있다. 현지인이 주인이 되어 사역하고 선교사는 한 걸음 뒤에서 필요한 것을 지원하며 보강하는 방식이 좋은 모델로 자리 잡고 있다. S 선교사는 파송되기 전에 기도한 대로 이 나라에 교회 200개를 개척하는 꿈을 계속 추진하고 있다.

이제 4년째 사역을 하고 있는 S 선교사는 지난 사역을 돌아보며 사역 형태나 방법에서 젊은 선교사와 많은 차이를 보여 어려움을 겪기도 했다고 말한다. 그러나 지금도 이들과 꾸준히 교제하고 있다. 현지인 사역자와 동역할 때에는 인간관계와 운용의 묘(妙)가 중요한데, 30여 년 동안 지휘관으로 생활하면서 터득한 경험이 큰 도움이 된다고 한다.

처음 선교지로 떠날 때 배우자가 동의하기는 했지만 자신만큼 분명한 소명을 가지지 못했기 때문에 소극적이던 것도 어려움이었다. 하지만 그런 어려움에도 부부가 함께 사역지에서 지낸 것이 큰 도움이 되었다고 한다. 배우자가 소극적이어서 어려움을 겪을 때에는 구체적이고 실제적으로 상대방을 배려하는 것이 아주 중요하다고 강조한다. 만약 시니어 선교사의 삶을 다시 시작한다면 이 부분에 좀 더 우선순위를 둘 것이라고 한다. 다행히 배우자도 함께 선교사 훈련 과정을 수료했기 때문에 선교에 대한 기초적인 이해를 공유할 수 있었다.

시니어 선교사가 지닌 장점은 비교적 다른 사람 눈치를 보지 않고 주님 뜻에 집중할 수 있는 것이다. 그는 주님의 일을 하면서

생을 마무리하는 것은 큰 복이라고 간증하였다. 처음 출국할 때는 출가하지 않은 딸들 때문에 걱정을 많이 했는데, 지금은 하나님이 주신 축복으로 딸들 모두 안정된 직장생활을 하고 있다. 게다가 감사하게도 막내가 단기 선교사로 중국에 파송되어서 섬기고 있다고 나누었다. 한국의 시니어 선교사 사역은 아직 초기 단계라 어려움이 많지만, 정규 신학을 공부하고 정규 선교사 훈련 과정을 거쳐 정식 교단 선교사로 파송된 것이 선교지에서 큰 도움이 되었다고 한다.

비즈니스 선교

SM5인 T 선교사는 D국에서 비즈니스를 하면서 시니어 선교사로 섬기고 있다. 그는 오랫동안 신앙생활을 해오면서 여러 선교 단체를 통해 일찍부터 선교에 도전받았다. 선교 사역을 위해서 신학교 공부도 조금 했지만, 목회보다는 사업을 하도록 이끄는 여러 상황 때문에 실제로 선교에 뛰어들지는 못했다. 교회에서 장로로 섬기던 그는 50대에 들어서서야 일선에서 물러날 수 있는 상황이 되었다. 권사인 아내는 공부한 상담을 통해 사람들을 도우면서 분주하게 하나님의 일을 하고 있었다.

그러던 어느 날, D국에서 비즈니스 선교를 하고 있다는 한 선교사가 T 장로를 찾아와 자신의 사역을 자세하게 소개했다. 그리고 그 선교사는 T 장로에게 현지에 와서 사업을 도와주는 협력 사역자로 동역해 주면 어떻겠냐고 부탁하였다. T 장로는 그날 받은 도전을 하나님의 부르심으로 느꼈고, 10분 만에 함께 동역하겠다고 약속하였다. T 장로는 의류 관련업에 종사했는데, 그 선교사가 하는 사업은 의류 관련업과 비슷하면서도 조금 다른 일이었다. 그래서 T 장로는 선교지를 방문하고 필요한 부분을 연구한 후, 한국에서 비슷한 일을 하는 사업장을 찾아 들어가 한 달 정도 기본 기술을 배웠다. 그리고 마침내 오랫동안 신앙생활을 해온 모교회에 비전을 설명하고 56세에 자비량 시니어 선교사로 파송 받았다. 자비량으로 파송되었기 때문에 후원금은 모금하지 않았다. 게다가 급하게 출국하느라 교회를 제외한 다른 선교부에서 정식 허입도 받지 못했다.

선교지에 도착해서 사업 상황을 살펴본 그는 투자가 필요하다는 것을 알았다. 고기도 먹어본 사람이 많이 먹는다고, 신학교를 졸업한 목회자 출신 선교사는 신분을 유지하기 위해 사업을 시작하긴 했지만 여러 문제를 가지고 있는데다 사업에 굉장히 소극적이었다. T 선교사는 개인 자금 수천만 원을 투자하여 기계를 증설하고 생산량을 크게 늘리는 한편 판매망을 확보해 나갔다. 몇 년 지나지 않아 사업은 급격하게 성장하기 시작하였다. 사업 규모가 커지게 되자 T 선교사를 초청한 선교사는 더 동참하기가 어려워졌다. T 선교사는 동업 형식으로 자본을 끌어대면서 직원을 20-30명 정도 둔 사업체로 회사를 성장시켰다.

    선교 사역이 극히 제한된 D국은 창의적 접근이 어려운 국가다. 국민의 99.8%가 무슬림이고 개신교 신자는 거의 없다. 선교사들은 이 국가에 여러 모양으로 체류할 수 있지만 안정된 신분을 얻는 일은 쉽지 않다. 자신이 하는 일을 통해 신분이 안정하다는 것을 보여줄 수 있다면 현지인과 함께 어울릴 수 있지만, 뚜렷한 신분이 없는 사람은 현지인과 어울리기는커녕 겉돌게 되기 때문이다. 처음부터 자신을 목사라고 소개하면 현지인 속으로 들어가서 활동할 수가 없다. 그렇다고 현지인과 활동하기 위해 목사가 아닌 다른 신분으로 자신을 소개하면 교회를 개척하는 일에 직접적으로 나설 수가 없다. D국에서 사역하는 목회자 출신 선교사에게는 이 점이 늘 갈등 요인이었다. 이런 지역에서는 플랫폼을 이용한 비즈니스 선교가 반드시 필요하다.

    어느 정도 사업을 다져놓은 T 선교사는 최근 교회 개척을 준비하고 있다. 교회를 개척하고 나면 팀으로 사역할 목회자 출신 선교사에게 교회를 맡기는 방법을 계획하고 있다. 목사 신분이 아닌 상태에서 교회를 돕다가 어느 정도 안정되면 다시 새로운 교회를 개척하려는 것이다. 이런 접근은 D국과 같은 나라에서는 효과적인 교회 개척 모델이 될 수 있을 것이다.

    체면과 겉모습을 중시하는 D국에서는 회사 사장이라는 직분, 예쁘게 꾸며놓은 집, 자녀가 가진 좋은 직업 같은 것이 대인관계에서 중요한 역할을 한다. T 선교사는 이런 면에서 아주 유리했기 때문에 D국에 있는 현지인과 다양한 관계를 맺을 수 있었다. 사람을 워낙 좋아하는 T 선교사는 사교성이 탁월하다. 사업가로서 지닌 이런 은사와 기질을 잘 활용한다면 현지인과 교제하거나 사람을 모으고 전도하는 데 있어서 목회자 출신 선교사보다 훨씬 유리할 것이다.

다행히 D국 언어는 비교적 어렵지 않다. T 선교사는 최근 언어를 다시 공부할 준비를 하고 있다. 소속된 교단 선교부에 선교사로 시취되는 과정을 마치기도 한 터라, 이제는 정규 선교사 훈련을 계획하고 있다. 부인은 T 선교사보다 언어를 더 많이 공부했기 때문에 사역하는 데 훨씬 유리하다.

이 부부는 지금까지 이룬 비즈니스를 발판 삼아 새로운 사역으로 그 영역을 넓힐 꿈에 부풀어 있다. T 선교사는 비즈니스 선교 접근이 필요한 다른 선교지에 자신의 모델을 제시하려는 계획도 세우고 있다. 4년째 선교사로 헌신하고 있는 그는 이제 60대에 접어들었지만 활동하는 데에는 전혀 어려움이 없다. 앞으로도 건강이 허락하는 한 꾸준히 사역을 이루어나갈 계획이다.

현지인 사역자의 조력자 역할

K 선교사 부부는 시니어 선교사로 섬기기 위해 오랫동안 체계적

으로 준비하고 사역을 시작한 SM5다. 이 선교사 부부는 미국에서 박사 학위를 취득하고 미국 제약 회사에서 연구원으로 근무하였다. 둘 모두 조기 은퇴하여 두 번째 인생을 시니어 선교사로 살기로 일찌감치 결정한 뒤 가까운 신학대학원까지 졸업했다. 그밖에도 선교지로 비전 트립을 다녀오기도 하고 교회에서 성경 공부를 인도하는 등 사역자로서 많은 준비를 했다. 20여 년 동안 근무한 뒤 예정대로 55세가 되었을 때, 부부는 조기 은퇴를 하고 미국 교단을 통해 시니어 선교사로 파송되었다. 재정은 미국 교단에서 전액을 지원하였다.

부흥이 일고 있지만 여전히 여러 도움이 필요한 Y국에 도착한 부부는 자신들의 기본 역할을 '섀도우 목회자(shadow pastor)'로 정했다. 섀도우 목회자란 현지인 사역자를 그림자처럼 돕는 사역자를 뜻한다. 결코 앞에 나서는 일이 없지만 그림자처럼 항상 함께하면서 일을 돕는다는 뜻에서 붙여진 이름이다. 최근에는 선교사가 해야 할 종국적 기능으로 이런 그림자 목회를 들기도 한다. 이 사역은 전도 활동과 교회 개척, 현지 지도자 교육 등을 조력하는 일이다. 시니어 선교사가 조력자 역할을 하는 가장 근본적인 이유는 언어를 습득하는 데에 어려움이 있기 때문이다. 또한 현지 교회의 궁극적 목표는 현지인이 목회자로 세워져서 자립하는 것이기 때문이다.

현재 7년 넘게 사역을 감당하고 있는 K 선교사 부부는 처음

도착했을 때부터 지금까지 꾸준히 현지어를 공부하고 있다. K 선교사는 현지인 지도자와의 관계를 특히 중시한다. 일을 중심으로 한 서구적 방식이 아니라 마음과 마음을 여는 관계를 세워가는 동양적 방식으로 사역을 해나가고 있다. 이렇게 사역을 할 수 있는 데에는 오랫동안 직장과 교회에서 배운 인간관계 기술이 큰 도움이 되었다.

K 선교사는 세상사에 대한 큰 염려 없이 시니어 선교사로서 해야 할 일에만 집중할 수 있는 삶을 큰 축복이라고 간증한다. 특히 동양권 선교지에 있는 현지인은 나이가 들어서 하는 사역을 상당히 존중하는데, 이것이 시니어 선교사의 장점 가운데 하나라고 지적한다. 반면 새로운 문화에 적응하는 속도가 늦고, 사고방식을 새롭게 바꿔야 하는 어려움이 있으며, 언어를 습득하는 데 많은 시간이 걸리는 것을 약점으로 꼽았다. 그러나 담대하게 사역에 뛰어들면 언어에서 보이는 약점은 충분히 극복할 수 있다고 덧붙였다. K 선교사 부부와 같은 지역에서 사역하는 다른 시니어 선교사는 66세에 입국해서 현지어를 거의 못하지만 다양한 방법으로 담대하게 사역을 감당하여 현지 고위층 사람을 백 명 넘게 주님께로 인도했다고 한다. K 선교사 부부는 좀 더 일찍 선교지로 왔으면 더 좋았을 거라면서 지금 삶에서 가장 의미 있는 시간을 보내고 있다고 만족해했다.

단기 의료 사역

H 집사는 한국에서 의과 대학을 졸업한 후 미국으로 건너가 전공의 과정을 시작하였다. 심장외과 의사로서 오랜 수련 과정을 거친 그는 군의관 생활을 하며 몸에 익힌 하나님과의 만남을 지속하면서 가는 곳마다 제자훈련으로 사람들을 키우는 사역을 하였다. 한인 교회에서 청년들을 지도할 때에도 언젠가는 하나님의 일을 하리라는 마음을 키워갔다. 기회가 되는 대로 가까운 신학교에서 몇몇 과목을 이수하기도 하였다.

마침내 전공의 과정을 마치고 의사 생활을 시작하였다. 좋은 환경에서 여유롭게 생활할 수 있는데도 하나님의 사역에 대한 도전은 그의 마음을 떠나지 않았다. 특히 청년들을 이끌고 방문한 선교지에서 다양한 방법으로 영혼들을 얻은 경험은 그에게 열악한 지역에 가서 복음을 전해야 한다는 도전을 남겼다.

개업 의사로 일을 시작할 때, 그는 하나님 안에서 동역할 동료들을 만날 수 있게 해달라고 오랫동안 기도했다. 마침내 하나님이 선하게 응답하셔서 동일한 선교 비전을 가진 훌륭한 그리스도인 미국인 의사들을 만나 심장수술 전문 병원을 시작할 수 있었다. 이들은 처음부터 선교를 병원의 핵심 목표로 삼았다. 첨단 심장 수술·혈관 수술 전문가인 그들은 자신들의 탁월한 능력을 사용해 복음이 필요한 나라에서 선교 활동을 하였다. 일 년 중 정한 기간 동안 선교지를 방문하여 현지 의사들에게 선진 기술을 가르쳐주기도 하고, 미국에 있는 병원으로 현지 의사들을 초청하여 일정 기간 동안 의료 기술을 습득하도록 도와주기도 하였다.

H 집사는 이런 일들을 통해 선교사가 들어가기 가장 어렵다는 나라의 사람들과 접촉할 수 있는 기회를 가졌다. 이들을 미국으로 초청하여 수개월간 한 집에서 지내는 동안 그리스도인의 사랑을 보여주며 기회가 될 때마다 자연스럽게 하나님을 소개했다. 미국이나 한국에서는 심장 수술이 널리 시행되고 있지만, 세계 기준에서 보면 심장 수술은 아직도 시술하기 쉽지 않다. 이런 기술을 이용해서 H 집사는 선교사가 갈 수 없는 지역을 드나들며 복음의 씨앗을 뿌릴 수 있었다.

50대 중반을 넘어선 지금, 그는 시니어 선교사로서 살아갈 두 번째 인생을 신중하게 준비하고 있다. 사실 이전부터 시니어 선교사라는 비전을 품고 준비해 왔지만 이제 좀 더 실제적인 준비를 하려는 것이다. 대상 사역지를 몇 곳 정하고 해마다 일정 기간 동안 집중적으로 방문해서 관계를 맺어두었다. 그리고 선교지에 클리닉이나 의료 기관을 만들기 시작하였다. 오랫동안 방문해 온 선교지의 병원들과는 좀 더 체계적인 계약을 맺었으며 의료 사역과 전도 사역을 병행하려고 준비하고 있다. 특별한 기술이 있다는 장점을 활용하여 선교지에 있는 고위 관리와도 친분을 쌓을 수 있었다. 또한 H 집사의 도움이 절실한 현지인이 많았기 때문에 폭넓은 플랫폼을 가질 수 있었다. 이런 플랫폼을 이용한 전도와 양육은 다른 전임 선교사보다 훨씬 효과적으로 사역을 이룰 수 있게 해주었다.

H 집사는 이를 위해서 선교지 방문과 현지 의료 지원, 현지 사역에 점점 더 많은 시간을 두고 있다. 언젠가 은퇴하고 나면 지금보다 더 많은 시간을 선교지에서 보내겠지만, 그는 이미 SM5 사역을 하고 있는 것이나 다름없다. 그는 한인 동료 의사 중에 그와 동일한 비전을 가진 사람들을 선교지로 연결하는 사역도 꾸준히 하고 있다. 그는 의사로서의 삶과 선교사로서의 삶을 지혜롭게 조화하여 만족스러운 삶을 만들어가고 있다.

대학교 사역

M 선교사는 SM6로서, 은퇴한 뒤 Z국에 있는 대학에서 시니어 선교사로 섬기고 있다. 일찍 미국으로 건너가 회계사로 자리를 잡고 생활하면서 한인 교회를 성실하게 섬긴 그는 신실한 목사님을 통해 많은 것을 배웠다. 특히 '전도 폭발 훈련'을 받은 이후에는 교회에서 그 훈련을 담당하기도 하였다. 그때부터 오랫동안 교회의 전도 프로그램을 도왔으며, 그밖에도 다양한 직분으로 교회를 섬겨왔다. 선교에 대한 도전도 많고 실제로 선교에 참여하는 일도 활발한 교회였기 때문에 자연스럽게 선교에 헌신하게

되었다. 자녀가 모두 결혼하자 구체적으로 두 번째 인생을 시니어 선교사로 드릴 결심을 한 것이다.

M 선교사가 다닌 모교회에는 Z국에 있는 대학에서 교수요원으로 1-2년 동안 사역하고 온 사람이 여러 명 있었고, 이들을 통해 학교에서 하는 사역을 잘 알고 있었다. M 선교사는 어떻게 하면 회계사라는 전공을 살려 효과적으로 섬길 수 있을지 신중하게 고민하면서 두 번째 인생을 계획하였다. 이를 위해 신학대학원 과정도 마쳤다. 마침내 은퇴한 뒤 그는 모교회가 속한 교단에 선교사로 지원하였다. 이 교단에는 이미 시니어 선교사 프로그램이 운영되고 있었다. 선교사로 지원하여 이 과정을 밟으면 상당히 오랜 시간이 걸리기 때문에 일찍부터 계획을 세워 지원하고 허입을 받았다. 이 프로그램에서 요구하는 5주간의 선교사 훈련을 마친 M 선교사 부부는 드디어 Z국으로 들어가게 되었다.

대학에서 M 선교사가 맡은 일은 교수직과 행정 책임이었다. 친화력이 있고 차분한 그의 성격에 잘 어울리는 직책이었다. 그는 학교 총장을 도와 학교를 체계적으로 발전시키기 시작했다. 다른 교수들을 영적으로 후원하는 역할과 함께 미국 교회와 Z국 대학 사이에서 교량 역할을 하기도 하였다. 부인도 대학에서 영어를 가르치며 함께 사역하였다. 여러 면에서 볼 때, M 선교사는 현실적으로 자기 능력을 극대화할 수 있는 훌륭한 선택을 내린 셈이다.

M 선교사를 파송한 교단은 선교비 전액을 교단 차원에서 공급해 주었기 때문에 M 선교사는 개인적으로 후원을 모금하지 않아도 되었다. 물론 선교사로서 일정한 급여를 받는 것은 아니었다. 하지만 자녀들이 모두 독립한 뒤였기 때문에 이 문제에 대해서도 좀 더 쉽게 결정을 내릴 수 있었다.

Z국의 대학은 독특하게도 한국어를 사용하고 있다. 그래서 한 학기 정도만 현지어를 배워도 바로 사역을 감당할 수 있다. 게다가 회계사라는 전문직 경력은 교수직과 학교 행정을 이끌어가는 데 적절했다. 한국과 크게 다르지 않은 생활환경도 사역에 유리하게 작용했다. 이런 면들을 충분히 고려한 결과, M 선교사는 큰 어려움 없이 사역에 참여할 수 있었고 자신의 경험을 극대화하여 훌륭하게 공헌할 수 있었다.

SM6인 M 선교사는 시니어 선교사에게 건강을 잘 관리하라고 권한다. 그는 현재 자기 삶에 대단히 만족하고 있으며 조금 더 일찍 은퇴를 하고 지원했다면 좋았을 거라며 아쉬워하기도 했다.

목회자에서 시니어 선교사로

L 선교사는 38년 동안 목회자로 살아온 삶을 은퇴하고 두 번째 인생을 시니어 선교사로 드린 SM7이다. 젊은 시절, L 선교사는 대학을 졸업한 후 하나님의 부르심으로 다시 신학대학에 입학하

여 목회자의 길을 걸었다. 지방에서 목회를 시작하였고, 서울로 옮겨 와서는 30년이 조금 못 되는 긴 세월 동안 한 교회에서 담임목사로 지냈다. 그는 담임목사로 재직하는 동안 교회를 부흥시켰고 소속 교단에서 총회장을 역임하기도 하였다.

70세가 되어 은퇴할 때가 되자 그는 두 번째 인생을 선교사로 섬기겠다는 새로운 헌신을 하였다. 담임목사로 생활하는 동안 여러 훌륭한 자원을 선교사로 파송하면서 선교에 대해 깊이 생각한 것이다. 그리고 틈틈이 선교지를 방문하면서 은퇴 후에는 직접 선교지에 나가는 것을 꿈꾸었다. 그가 시니어 선교사로 헌신하기로 결정한 것은 은퇴를 앞두고 찾은 기도원에서였다. "늙을 때 나를 버리지 마시며, 힘이 쇠약할 때 나를 떠나지 마옵소서"라고 기도할 때, 마침 교단 선교부 회장이 권한 시니어 선교사를 기도 응답으로 믿고 결정한 것이다. 당뇨가 있는 부인을 생각하면 조금 부담스러웠지만 함께 비전을 나누면서 하나님께 도우심을 구하였다.

후임 목사를 결정할 시기가 되자 그는 구체적으로 선교사로서의 비전을 교회에 밝혔다. 70세라는 나이와 전임 총회장이라는 경력에도 L 선교사는 아들보다 더 어린 젊은 선교사 후보생들과 함께 교단에서 요구하는 선교사 훈련 과정을 겸손하게 이수하였다. 그리고 교단 소속 선교사로 정식 파송을 받았다. L 목사가 택한 사역은 한인 목회 사역이었다. 그는 목회자를 구한다는

G국의 어느 한인 교회에서 목회를 담당하게 되었다. G국에 한인 교회를 개척한 선교사가 현지인 사역으로 사역 방향을 전환하면서 목회자 자리가 비게 된 것이다. 대도시에 자리한 교회인지라 생활하기도 편하고 본국과의 교통편도 편리했다.

G국 언어가 다른 언어보다 쉬운 것도 큰 도움이 되었다. 7개월 동안 현지어를 공부해 온 그는 지금도 공부를 게을리 하지 않고 있다. 한인 목회를 하면서 선교 여행 팀이 묵을 수 있도록 목사관을 게스트 하우스로 개방하였다. 선교 여행 팀원들에게 시니어 선교사가 된 간증을 나누며 선교에 대한 꿈을 심어주기도 했다. 그는 G국에 미자립 신학교를 건축하는 일을 지원해 줄 한국 교회를 연결해 주기도 한다. 나아가 교육 기자재를 공급하며, 신학생들에게 장학금을 지급하는 일도 추진하고 있다. 사역을 위한 후원금은 선교사가 되기 전에 사역한 교회에서 대부분 지원해 주었고, 몇몇 다른 교회와 지인들이 후원에 동참하였다.

문제는 건강이었다. L 선교사는 출국 전에 의례적으로 거치는 신체검사를 받고 나서 최종 결과를 통보받기 전에 출국하였는데 현지에 도착한 이후 악성 육종이라는 진단을 받았다. 결국 출국한 지 열흘 만에 한국으로 돌아와 수술을 받고 요양한 뒤 다시 출국하였다. 아내도 선교지에서 풍토병과 장티푸스에 걸리는 바람에 한국으로 돌아와 입원 치료를 받아야 했다. 그러나 하나님의 은혜로 이 부부는 회복되어 다시 사역에 임할 수 있었다. 지금도 정기적으로 한국에 들어와 건강진단을 받고 있다. 자녀들은 이제 한국에서 편히 쉬시라고 간곡히 권하지만, 이 부부는 일할 수 있는 한 선교지를 섬기는 것이 한국에서 쉬는 것보다 더 큰 축복이라고 생각한다.

또 다른 문제는 외로움이다. 나이가 들수록 곁에 있을 사람이 필요한데, 대화할 상대도 없는 외국에 떨어져 있다는 생각이 때때로 마음을 어렵게 했다. 특히 아내가 치료를 받기 위해 한국에 가 있을 때는 더 힘들었다. 이메일을 통해 누군가가 소식을 보내오면 반가운 마음을 금하지 못했다.

그러던 어느 날, 현지인 사역을 계획하며 떠난 선교사가 다시 한인 사역으로 복귀하면서 다른 한인 교회 목회를 맡게 되었다. 어느 정도 현지 사정을 익히고 친분 있는 사람이 생기자 다양한 사역 기회가 눈에 들어왔다. 유난히 온유하고 후덕한 L 선교사는 현지 한인 선교사들에게 목회적인 도움과 조언을 나누며 동역하는 기쁨을 누리고 있다. 몇 년 안에 감당할 수 있는 범위 내에서 현지인을 대상으로 사역할 계획도 세워두었다.

한국에서 해온 목회와 달리 선교 사역은 지나친 경쟁이나 욕심 없이 즐기며 할 수 있다. 오랫동안 목회를 해온 그에게 사람을 돌보고 채워주는 것은 일이라기보다는 기쁨이고 자연스러운 삶이다. 은퇴한 후에도 목회할 수 있는 터가 있다는 것을 그는 깊이 감사하고 있다.

주목할 점은 L 선교사를 보며 은퇴 후 선교지에서 사역하고 싶어하는 동년배나 후배 목사가 많아졌다는 것이다. L 선교사는 "묵혀서(녹 슬어서) 못쓰게 되는 것보다 닳아져서 없어지는 편이 더 좋다"고 권면한다.

8장

시니어 선교사의 도전

일어나 도전하십시오

하나님은 항상 우리보다 앞서 행하시며 때마다 문을 열어 주신다. 하나님이 문을 열어주시는 시기에 맞춰 기회를 볼 줄 아는 이는 축복받은 사람이다. 되돌아보면 하나님이 한국 교회를 축복하시고 귀하게 사용하셨다는 것을 알 수 있다. 두 세대 전까지만 해도 세계에서 가장 가난하고 힘없는 나라 가운데 하나였던 한국은 하나님의 손이 함께하면서 세계에서 열 번째로 부유한 나라, 세계에서 두 번째로 선교사를 많이 파송한 나라가 되었다. 믿어지지 않는 일이다.

수년 전 아프리카를 방문했을 때 일이다. 어느 주일, 예배를 드리기 위해 현지 미국인 선교사와 함께 아프리카에 있는 한 마을을 찾았다. 마침 아프리카에 막 도착한 젊은 미국인 신임 선교사도 동행했다. 우리가 탄 차가 작은 마을을 지날 때마다 검은 피부의 어린아이들이 어디선가 뛰어나와 차 뒤를 쫓아 뛰어오곤 하였다. 맨발로 몇백 미터를 쫓아오는 아이도 있었다. 창문을 열고 위험하다는 손짓을 해도 막무가내였다. 예배를 드리고 나서 도시로 향할 때도 마찬가지였다. 마을을 지날 때마다 자동차를 본 아이들은 뜀박질을 시작하였다.

그날 저녁, 미국인 신임 선교사와 이야기를 나누면서 마을을 지날 때마다 우리 차를 뒤쫓아 오던 아프리카 아이들을 보았냐고 물어보았다. 물론 그는 아이들을 보았다고 했다. 그래서 이번에는 그 아이들을 볼 때 어떤 생각이 들었는지 물어보았다. 그는 당황해했다. 아마 그는 아무 생각도 들지 않았거나, 위험하다고 생각했거나, 그저 가난하고 촌스러운 아이들이라고 생각했을 것이다. 그래서 그에게 이런 말을 해주었다. "나는 그 모습을 볼 때마다 당신이 결코 느낄 수 없는 특별한 느낌을 받습니다. 그 아이는 바로 40년 전 내 모습이기 때문입니다."

사실이다. 지금의 아프리카 아이들의 모습은 바로 1950년대 후반에서 1960년대 초반에 자주 보던 우리 모습이었다. 시골에 미군 지프차가 나타나면 너무 신기한 나머지 차가 내뿜는 휘발유 냄새를 맡으며 고무신 발로 뛰어서 수백 미터를 따라갔다. 미국인만 보면 부끄러운 줄도 모르고 손을 내밀어 껌이나 사탕을 달라고 졸라댔다. 그런 우리가 이제는 다른 나라를 도와줄 뿐 아니라 복음을 들고 영생을 전하는 나라가 된 것이다. 필자는 그 신임 선교사에게 이런 말을 건네며 대화를 맺었다. "나는 당신이 어떤 목적으로 이곳에 왔는지 모릅니다. 아마 사명감 때문에 왔겠지요. 나는 다릅니다. 내 마음은 빚을 갚아야 한다는 생각으로 가득합니다. 하나님이 주신 은혜를 이들에게 갚아야 하거든요."

그렇다! 이제 우리가 빚을 갚아야 할 때다. 누구보다도 어려운 시대를 살아온 시니어 세대는 뒤를 돌아볼 때마다 하나님의 은혜를 발견하지 않을 수 없다. 하나님은 힘없고 가난하던 나라를 택하셔서 이 마지막 시대에 복음의 도구로 사용하신다. 시니어 세대는 한국 교회에 문제가 많다는 것을 잘 알 것이다. 그런데도 하나님은 부족한 한국 교회를 특별한 축복의 도구로 기막히게 사용하고 계시다. 그렇다면 이 시기에 그 도구의 한 부분으로 쓰이도록 일어나 헌신해야 하지 않겠는가!

기회의 문이 넓게 열렸다. 사실 필자가 이 책의 내용을 구상하기 시작한 것은 수년 전이다. 학교에서 선교학을 가르치면서 정립한 시니어 선교사의 개념을 책으로 정리하고 싶었다. 그러나 여러 일에 쫓기다 보니 책으로 정리할 기회를 수년째 미루고 말았다. "책으로 쓰기에는 너무 늦었다"라는 생각도 들었지만, 실제로 이 책을 쓰기 시작하면서는 오히려 지금이 시니어 선교사로서 걸음을 내디디기에 가장 적절한 시기라는 것을 발견하였다. 수년 전만 해도 우리 사회에는 시니어 선교사라는 꿈을 이룰 여건이 갖추어져 있지 않았다. 그러나 이제 새로운 문이 우리 앞에 넓게 열려 있다. 자신이 원하는 일에 두 번째 인생을 드릴 수 있는 기회가 주어졌다. 많지는 않지만 앞서 선교지로 나간 시니어 선교사들이 다양한 사역 모델을 보여주고 있다.

1990년대 후반에 터진 IMF 충격이 어느 정도 흡수되면서 이제 은퇴 이후 두 번째 인생을 의미 있게 보낼 만한 경제적 여건이 갖추어졌다. 노령화되면서 급격하게 평균 건강수명이 늘어나고 있는 것도 중요한 요인이다. 교회가 선교에 헌신하면서 많은 사람이 선교에 도전받고 직접 선교를 할 수 있게 된 것도 시니어 선교사로 헌신할 수 있는 기회의 문을 열어주었다.

얼마 전 한국 교회가 큰 꿈을 제시하였다. 2020년까지 텐트메이커 선교사 백만 명을, 2030년까지는 전임 선교사 십만 명을 파송하겠다고 천명한 것이다. 선교의 실상을 잘 아는 사람이 듣기에 이런 목표는 도전적이긴 하나 꿈같을 것이다. 그러나 이 목표는 하나님이 주신 꿈이 분명하며, 우리는 이 꿈이 성취되는 것을 보아야 한다. 이 목표가 세워지면서 비로소 다양한 선교 자원을 동원해야 한다는 소리가 교회에서 설득력을 얻고 있다. 이런 시기에 시니어 선교사가 중요한 선교 자원으로 등장한 것이다.

이제 자신을 드리는 구체적인 헌신이 있어야 한다. 시니어 선교 사역에 아무런 고난이 없다고는 말할 수 없다. 예상하지 못한 고난과 어려움, 갈등이 있을 것이다. 그러나 분명한 점은 그런 희생이 성령의 역사를 이루어간다는 것이다. 성령의 역사는 벙커시유(油)와 같다. 벙커시유는 원유에서 나중에 추출되는 중유 가운데 하나다. 발열량은 많지만 휘발성이 없고 불이 잘 붙지 않는다. 성냥불을 가져다가 근처에 대도 불이 붙지 않는다. 벙커시유에 불을 붙이기 위해서는 심지가 필요하다. 심지만 있으면 벙커시유는 강력한 열을 내며 타오를 수 있다. 성령이 부어진다고 해서 저절로 부흥이 일어나는 것은 아니다. 그 부흥의 기름에 불을 붙이기 위해서는 심지가 필요하다. 주님께 자기 삶을 온전히 내어드리는 헌신이 바로 심지다.

지난 40년 동안 중국에 물 붓듯이 성령의 역사가 임했다. 이 같은 부흥이 일어난 것은 바로 그 시기에 자신을 심지로 드리기로 헌신한 수많은 사람이 일어났기 때문이다. 이름도 없이 헌신한 이들의 희생을 다 기록하려면 아마 현대 교회사를 새로 써야 할 것이다.

지금 이 시대가 한국 선교에서 그런 새로운 기회일지도 모른다. 이 마지막 시대에 하나님은 조용히 한국 교회에 새로운 문을 열어주신다. 이 시기에 앞장서서 자신을 심지로 드려 헌신하는 이들이 일어난다면 하나님은 세상을 변화시키는 일을 새롭게 이루실 수 있을 것이다.

이제 선택은 우리에게 달렸다. 두 번째 인생을 시니어 선교사로 드려서 하나님의 새로운 부흥, 새로운 인생의 황금기를 경험하기를 소망한다. 아브라함처럼, 야곱처럼, 모세처럼, 여호수아처럼, 갈렙처럼 노년을 하나님께 드려 축복의 기회를 누리는 시니어 세대가 일어나기를 기도한다.

일어나라 빛을 발하라. 이는 네 빛이 이르렀고 여호와의 영광이 네 위에 임하였음이니라. 보라, 어두움이 땅을 덮을 것이며 캄캄함이 만민을 가리우려니와 오직 여호와께서 네 위에 임하실 것이며 그의 영광이 네 위에 나타나리니, 열방은 네 빛으로, 열왕은 비춰는 네 광명으로 나아오리라(사 60:1-3).

인생의 후반전은 시니어 선교사로

초판 발행	2007년 10월 8일
초판 7쇄	2024년 7월 25일
지은이	이현모
발행인	손창남
발행처	(주)죠이북스(등록 2022. 12. 27. 제2022-000070호)
주소	02576 서울시 동대문구 왕산로19바길 33, 1층
전화	(02) 925-0451 (대표 전화)
	(02) 929-3655 (영업팀)
팩스	(02) 923-3016
인쇄소	(주)주손디엠피
판권소유	ⓒ죠이선교회
ISBN	979-11-93507-25-4 03230

책값은 뒤표지에 있습니다.
잘못된 도서는 교환하여 드립니다.
이 책 내용을 허락 없이 옮겨 사용할 수 없습니다.